从江浙沪走出来的国共两党领导人

潘望◎著

中共党史出版社

图书在版编目(CIP)数据

从江浙沪走出来的国共两党领导人 / 潘望著.—北京：中共党史出版社，2015.7

ISBN 978-7-5098-3127-4

Ⅰ.①从… Ⅱ.①潘… Ⅲ.①中国共产党－领导人员－生平事迹－华东地区 ②中国国民党－领导人员－生平事迹－华东地区 Ⅳ.①K827=7

中国版本图书馆 CIP 数据核字(2015)第 130156 号

出版发行：中共党史出版社

责任编辑：安胡刚

复　　审：潘　鹏

终　　审：吴　江

社　　址：北京市海淀区芙蓉里南街 6 号院 1 号楼

邮　　编：100080

网　　址：www.dscbs.com

经　　销：新华书店

印　　刷：北京晨旭印刷厂

开　　本：170mm×240mm　1/16

字　　数：242 千字

印　　张：14

印　　数：1–10000 册

版　　次：2015 年 7 月第 1 版

印　　次：2015 年 7 月第 1 次印刷

ISBN 978-7-5098-3127-4

定　　价：32.00 元

前 言

在历代文人笔下，杏花、烟雨、江南，是一首轻灵优美的抒情诗，是一幅引人遐想的山水画。这江南江浙沪一带，自唐宋以来便是人文荟萃、人才辈出的好地方。

远的且不提，自辛亥之后，江浙沪一带便涌现出了无数青史留名的著名人物，共产党方面有：周恩来、陈云、张闻天、瞿秋白、博古、章汉夫……

国民党方面有：蒋介石、陈其美、顾维钧、陈果夫、徐恩曾、邵元冲、邵力子、罗家伦、钱大钧……

虽然从江浙沪走出来的近代著名人物还有很多，但仅仅看着眼前这份光芒闪耀如浩瀚星海的名单，看着政治领袖的背影，一切的一切，宛如一幅大革命时代的油画，足以让我们不住回首低叹并流连忘返。

因为本书的篇幅所限，我们只能为大家遴选出江浙沪地区八位杰出的国共两党领导人和政治家，以他们的人生轨迹为经纬，以他们的性格喜怒为筋络，引领我们再次回顾那段曾经改变了民族命运的中国历史。

潘望

2013年5月

目 录

“不唯上、不唯书、只唯实”——陈云

“书生气浓的革命家”——瞿秋白

“不堪重负的党中央总负责”——博古

“不争权的红色教授”——张闻天

“蒋介石的引路人”——陈其美

“雄辩巴黎”——顾维钧

“白手起家的大独裁者”——蒋介石

“蒋家天下陈家党”——陈果夫

从江浙沪走出来的国共两党领导人

“不唯上、不唯书、只唯实”——陈云

陈云是以毛泽东为核心的党的第一代中央领导集体和以邓小平为核心的党的第二代中央领导集体的重要成员。对中国的社会主义经济建设，陈云一贯坚持实事求是的原则，他从长期实践和切身体验中总结出来的“不唯上、不唯书、只唯实，交换、比较、反复”，不仅仅是一种工作方法，也是老一辈革命家留给后人的宝贵精神财富。

陈云档案：

姓名字号： 陈云，原名廖陈云

籍　　贯： 上海市青浦区

生卒年月： 1905年6月13日—1995年4月10日　卒年90岁

毕业院校： 青浦章练塘公立颜安小学

最高职务： 国务院副总理，中共中央政治局常委、副主席，人大副委员长，中共中央纪律检查委员会第一书记，国务院财经委员会主任，中共中央顾问委员会主任

陈云简历：

1905 年——生于江苏省青浦县章练塘镇（今属上海市青浦区练塘镇）。

1919 年——在上海商务印书馆当学徒。

1925 年——参加五卅运动。同年加入中国共产党。

1927 年——大革命失败后，受党组织派遣回家乡从事农民运动，任中共青浦县委书记，淞浦特委组织部部长。

1929 年——回上海，任中共江苏省委常委兼农委书记。

1930 年——先后任中共上海法南、闸北区委书记，在中共六届三中全会上补选为中央候补委员。

1931 年——1 月在中共六届四中全会上增补为中央委员。同年 9 月，任中共临时中央领导成员。

1932 年——任中华全国总工会党团书记。

1934 年——在中共六届五中全会上当选为中央政治局委员、常委，兼任中共中央白区工作部部长。同年参加长征，任中国工农红军红五军团中央代表、军委纵队政委等职。

1935 年——1 月，在遵义召开的中共中央政治局扩大会议上支持毛泽东的正确主张。同年 6 月被派到上海恢复党的秘密工作。9 月赴莫斯科，任中共驻共产国际代表团成员。

1937 年——4 月作为中共中央代表到新疆接西路军余部，11 月到延安，同年任中共中央组织部部长。

1944年——任西北财经办事处副主任。

1945年——在中共七届一中全会上当选为中央政治局委员，8月任中央书记处候补书记。后任中共中央北满分局书记，兼任东北民主联军北满军区政委。

1948年——当选为中华全国总工会主席。

1949年——10月任政务院副总理兼财政经济委员会主任。

1950年——补选为中央书记处书记。

1954年——9月任国务院副总理。

1956年——9月在中共八届一中全会上当选为中央政治局常委、中央副主席。11月兼任商业部部长。

1958年——9月兼任国家基本建设委员会主任。

1962年——兼中共中央财经小组组长，与刘少奇、周恩来、邓小平等一起对恢复当时遭到严重困难的国民经济做出了重大贡献。

1975年——1月当选为第四届全国人大常委会副委员长。

1978年——12月在中共十一届三中全会上增选为中央政治局委员、常委、中央副主席，并任中共中央纪律检查委员会第一书记。

1979年——任国务院副总理、国务院财经委员会主任。

1982年——在中共十二届一中全会上当选为中央政治局常委并任中共中央纪律检查委员会常委、第一书记。

1987年——11月当选为中共中央顾问委员会常委、主任。

1995年——4月10日在北京逝世，终年90岁。

一、商务印书馆里的好学少年

1925年5月14日，上海日本纱厂工人为抗议日本资方无理开除工人而罢工，日本资本家开枪打死工人顾正红（共产党员），打伤10余名工人，激起上海工人、学生和市民的强烈愤怒。

5月30日，上海学生2000余人在租界内散发传单，发表演说，抗议日本纱厂资本家镇压工人罢工、打死工人顾正红，声援工人，并号召收回租界，被英国巡捕逮捕100余人。

当日下午，万余群众聚集在英租界南京路老闸巡捕房门首，要求释放被捕学生，高呼“打倒帝国主义”等口号。英国巡捕竟开枪射击，当场打死13人，重伤数十人，逮捕150余人，造成震惊中外的五卅惨案。

次日，由中国共产党领导的上海总工会宣布党委会总同盟罢工。上海学生联合会和总商会也宣布总罢课和总罢市。一场反帝爱国运动——五卅运动轰轰烈烈地开展起来。

在五卅运动中，商务印书馆总公司宣布全馆停业两天。其编译所的编辑郑振铎、沈雁冰、胡愈之、叶圣陶等联合12个学术团体，创办了《公理日报》，对惨案真相如实报道，声讨帝国主义暴行。

商务印书馆还成立了国人五卅运动后援会，为受难工人募捐。在商务印书馆职工举行的罢市、游行、募捐、义卖《公理日报》等活动中，涌现出了一位容貌俊秀、行事稳健的小伙子。

他的名字，叫陈云。

陈云自幼父母早逝，生活困苦，是被舅舅廖文光收为养子抚养长大的，所以陈云早年叫作廖陈云。俗话说穷人的孩子早当家，过早领略人间悲苦的陈云，性格变得内向、沉静，据儿时的伙伴回忆，常常是其他孩子在一起玩耍、嬉闹，而陈云则静静地站在一旁看。

1913 年，陈云满八岁，舅舅送他进私塾，读《三字经》、《百家姓》等书，习毛笔字。九岁那年，舅舅又送他到镇上的小学读书。陈云聪颖好学，成绩总是名列前茅，也知道体恤大人的艰辛。每天放学后，他都回家帮忙劈柴、烧火、担水、洗菜、打扫屋子，不仅使舅父母感到欣慰，更颇受街坊邻居夸奖。

1919 年 5 月底，陈云毕业于镇公立颜安小学高小部。为了不再加重家里的负担，他放弃了继续求学的念头，想在外面找份工作，接济舅父母。正在这时，陈云在颜安小学的老师张子谦，通过在上海商务印书馆工作的弟弟张子宏，替陈云在商务印书馆找了个学徒的工作。年底，陈云离开章练塘镇，登上了东去上海的小船。

商务印书馆成立于 1897 年，是中国历史最悠久的现代出版机构，它与北京大学被誉为中国近代文化的双子星。当时商务印书馆每天营业 12 小时，再算上上下班往返时间，每天工作实际超过十四五个小时。许多工友下班后一回到宿舍就早早休息了，而陈云却总是最后一个休息，最早一个起床。每天清晨天未放明，陈云便起身读书、练毛笔字、念英语。

在学徒的五年期间，陈云看遍了书店中的童话、章回小说、少年丛书，还利用业余时间到商务印书馆办的上海图书学校学习了三年。在图书学校，主要是学习中英文和书店店员必须具备的基本知识。结业后，陈云开始有选择地阅读一些政治书籍，以探求救民强国的真理。所以，陈云虽然只有高等小学学历，却是当时商务印书馆年轻职工中学识最渊博的一个。

五卅运动后，上海军阀在帝国主义指使下大肆镇压工人运动，取缔工会组织，中共中央决定将总罢工转向局部的经济斗争，并把商务印书馆作为党发动罢工的重点之一。

几乎与此同时，在同事的介绍下，陈云开始涉足政治。他后来回忆道："五卅事起，我还只是一个随着资本家罢市的店员，但此时已有商务馆内之国民党员介绍我看三民主义。以前，我很赞成吴佩孚，后又很相信国家主义派是'外抗强权，内除国贼'。看了三民主义，觉得孙中山的道理'蛮多'。"

但紧接着，陈云又在同事的介绍下，前往上海通讯图书馆看书，开始接触马克思主义。这个图书馆是由进步青年应修人、楼适夷共同创办的，旨在为要求进步、坚持自学的青年读者服务，五卅运动爆发后，这里开始秘密推广共产党的书刊，还常请共产党的领导人如赵世炎、恽代英、杨贤江等去做报告。

陈云在这个时候看了《马克思主义浅说》、《资本制度浅说》、《共产主义ABC》，他感到这些书的道理比三民主义更好。

不久之后，陈云便成功领导了商务印书馆职工大罢工活动，罢工斗争胜利后，商务发行所职工召开全体大会，正式成立了职工会，因为在罢工活动中能力出众，陈云被推选为职工会委员长。在此期间，他经中共早期革命家、商务发行所第一任党支部书记董亦湘和发行所第一位党员恽雨棠的介绍，加入了中国共产党。

陈云后来在谈到自己入党时说：“入党动机显然由于罢工运动和阶级斗争之影响。”

“那时确了解了必须要改造社会，才能解放人类。这个思想对于我影响很大。做店员的人，有家庭负担的人，常常在每个重要关头，个人利益与党的利益有冲突时。要不止一次地在脑筋中思想上发生矛盾。而这种矛盾的克服，必须赖于革命理论与思想，去克服个人利益的思想。比如，当我在参加革命后，资本家威胁我时，我想到吃饭问题会发生动摇，但立即又想到：怕什么？手足健全的人到处去得，可以去黄埔军校，可以去卖大饼油条，只要立志革命，不怕没饭吃，归根结底，只有推翻了不公平的社会制度，才能大家都有饭吃。”

上海商务印书馆是陈云走向社会的人生起点，也是他步入职业革命家生涯的开始。因此，陈云对它一直怀有很深的感情。在1982年商务印书馆建馆85周年时，陈云特题词一幅相赠，以志庆贺。

二、初次进入经济工作领域

1927年4月，正当上海人民沉浸在革命军北伐胜利的喜悦当中时，蒋介石悍然发动了四一二反革命政变。7月15日，汪精卫也提出“分共”，大肆搜捕和屠杀共产党员、革命群众。第一次国共合作全面破裂，持续三年多的大革命宣告失败。

1927年11月，中共江苏省委决定建立青浦县委，任命陈云为书记。陈云按照中共江苏省委指示回到了家乡，他白天和农民一起劳动，晚上找积极分子谈话、开会，向农民宣传翻身闹革命的道理，并利用庙会向农民发表演说，号召大家团结起来进行抗租斗争。经过一段时间，他们不仅在附近20多个村子里恢复和发展了农会组织，还培养了一批农运骨干，吸收了其中12人入党，建立了青浦西乡第一个农村党支部。

次年1月初，陈云按照省委制定的计划，化名陈亨，领导了著名的小蒸和枫泾农民武装暴动。1928年9月，中共江苏省委建立管辖松江、金山、青浦、南汇、川沙、奉贤、嘉定、嘉兴等上海周围10个郊县的淞浦特委，并任命陈云为特委委员兼组织部部长。随着淞浦特委机关迁往上海，陈云开始了在上海秘密环境下的战斗生活。

1929年8月中旬，因为中央政治局委员、江苏省委常委彭湃被调到中央工作，省委决定吸收陈云、李富春参加省委常委工作。在这个时期，随着局势的好转，党内“左”倾急性病又逐渐发展起来。特别是1930年5月爆发了蒋、冯、阎之间的新军阀大战后，更使一些同志对革命形势做出了过高的估计。实际主持中共中央工作的李立三认为，“革命时机已在全国范围内成熟”，并在各级党委成立行动委员会，停止了党、团、工会的正常活动。

在这一路线下，1929年7月，江苏省委、省团委和上海工会联合会以及中央派来的人组成了江苏省总行动委员会。陈云被任命为总行委委员，负责外县工作，9月兼任上海闸北区区委书记。尽管他一如既往地积极工作，但在报告情况和研究问题时，仍然保持着求实的作风。

在上海各区委书记和军委参谋联席会议上，陈云汇报了闸北区的情况，说那里的赤色先锋队虽已建立了24支，但都没有经过武装训练；宣传队名义上有27支，实际上只有12支可以调动；宣传品印刷数量不少，但因交通问题没有解决，无法往下送；罢工布置比较成熟的只有一个厂。这在“左”倾情绪占上风的形势下，显然是一种低调而实事求是的发言。

李立三的“左”倾冒险主义很快就超出了共产国际所能允许的范围，他们派正在苏联的周恩来、瞿秋白回国纠正“立三路线”的错误。1930年9月，中共在上海召开了扩大的中共六届三中全会，停止了李立三的领导工作，取消了遍地开花的暴动计划，撤销了各级行动委员会。陈云作为江苏省的代表之一出席了这次会议，并在会上被补选为中央候补委员，时隔四个月后，陈云又在中共六届四中全会上当选为中央委员，从此他进入了中共中央领导层，时年25岁。

1931年9月，鉴于王明将去莫斯科担任中共驻共产国际代表，周恩来也将前往中央苏区，共产国际提议成立中共临时中央政治局。临时中央由博古、张闻天、康生、陈云、卢福坦、李竹声组成，博古、张闻天、卢福坦任常委，博古负总的责任。在1932年3月，陈云增补为临时中央政治局常委，兼任全国总工会党团书记。

1933年年初，迫于上海的白色恐怖日益严重，临时中央决定将中共中央机关迁往中央苏区，到苏区不久，陈云便同刘少奇一起去汀州检查指导工会工作，并开始纠正“左”的错误。

1932年4月，苏区中央机关报《斗争》发表了陈云撰写的《苏区工人的经济斗争》一文，文章批评工会在领导工人阶级斗争中机械执行《劳动法》，不问企业状况，一律要求实行八小时工作制，强迫介绍失业工人入厂，到处举行有害苏区经济流通的总同盟罢工；要求重新审查各业的集体合同；指出必须向工人群众解释，工人阶级一方面要争取改善自己的生活，另一方面要把发展苏区经济、现固苏维埃政权看成自己解放的根本任务。

为了纠正“左”的错误，陈云于6月又到福建汀州视察工会工作。汀州不仅是中央苏区的重要组成部分，而且是中央苏区的经济中心，有“红色小上海”之称。巡视中，陈云发现过去工人与雇主虽然签订了许多劳动合同，但合同的条文大多照抄《劳动法》和江西、福建两省工会颁发的斗争纲领，很多地方不切合实际，于是指导当地经营南北土特产的京果业重新订立了劳动合同。

从汀州返回后，陈云撰写了《怎样订立劳动合同》一文，详细介绍了他到汀州领导工人订立劳动合同的指导思想和具体办法。由于新合同与实际情况相符合，赢得了劳资双方的欢迎和认可，很快成为中央苏区私营企业劳动合同的范例和样本，被普遍仿效、推广，从而改善了苏区企业的经营管理，促进了根据地工商企业的发展。

这年秋天，陈云前往瑞金附近的一个兵工机械厂，进行了一个多星期的调查研究，从产品产量与质量、设备与工具，直到行政与党团工会的关系、工人教育与福利状况、供给制能否改为经济核算制等问题，都做了了解。他发现厂长作风不民主，体罚工人，职工意见很大，便与有关部门研究，召开了全厂职工大会，当场宣布撤销这个厂长的职务。消息迅速传遍了所有的兵工厂，大大调动了工人支援苏区反“围剿”战争的生产积极性。

三、延安时代

1937年12月，陈云出席了在延安召开的中共中央政治局会议。会上，他被增补为中央书记处书记，并被任命为中央组织部部长。

会后不久，陈云因过度疲劳，只得停下工作休养，组织上为了照顾他的身体，从陕北公学挑选了一名女学员，调到他身边，一面为他进行护理工作，一面帮他处理杂事。这位女学员名叫于若木，是山东济南人。

陈云夫妇合影

在护理陈云期间，他们彼此产生感情，成为了终身伴侣。结婚前，陈云对她说：我是个老实人，你也是个老实人，老实人和老实人在一起，能够合得来。婚后，于若木在写给她大哥的信中这样写道：“虽然他大了我 14 岁，但是我对自己的婚姻很满意。他是一个非常可靠的忠实的人，做事负责任，从不随便，脾气很好，用理性处理问题而不是感情用事。所不痛快的是两个人能力、地位相差太远，在他面前愈显得自己幼稚无知。”

作为中央组织部部长，陈云把干部视为党的宝贵财富，十分关心爱护干部。他在《论干部政策》的讲演中，提出了组织工作的 12 字诀，即：了解人、气量大、用得好、爱护人。

那个时代的延安，除了马列学院等个别学校的学习期限长一些外，其他学校，如抗大、陕公、党校、泽东青年干部学校等，学习期限都很短。中央组织部也从 1938 年开始，办了个党训班，每期 200 多人，先后办了八期。

当时中央机关、边区机关和驻地部队仅有脱产人员五万人，而在各个干部学校的学员就有一万人，并且处在不断的流动中。通过这种办法，中央向各地先后输送了 20 万名速成干部。

1943 年年初，陈云得了心脏病，加上他在干部审查问题上的指导思想和方法与康生截然相反，所以从那以后实际上离开了中组部，专事休养。毛泽东为了便于陈云恢复健康，特意安排他搬到枣园居住。在养病的一年时间里，陈云仔细研究了毛泽东的著作和为中央起草的文电，感到贯穿其中的基本思想是实事求是。

为了弄清“实事”，陈云概括出了六个字，就是“交换、比较、反复”。所谓交换，是指和其他人交换意见，既听下面意见，更听反面意见。所谓比较，是指把各种情况进行前后左右的比较。所谓反复，是指问题初步决定后，再摆一摆，留一个反复考虑的时间，听听不同意见，即使没有不同意见，也要设想出可能有的反对意见。

通过这些方法，尽可能做到全面认识事物，做出比较正确的决策。同时，陈云还提出了九个字，即：“不唯上，不唯书，只唯实。”他在晚年向别人解释这几个字时说：“不唯上，并不是上面的话不要听。不唯书，也不是说文件、书都不要读。只唯实，就是只有一切从实际出发，实事求是处理问题，这才是最靠得住的。”

1943 年年底，陈云与毛泽东、林伯渠参观了陕甘宁边区农业生产展览会。此后，中央决定派陈云到西北财经办事处，担任副主任兼政治部主任。西北财经办事处成立于 1942 年年中，统一领导陕甘宁和晋西北两个边区的财政经济工作。办事处主任是贺龙，实际工作则由陈云主持。

陈云在工作中十分重视按经济规律办事。当时，边区布匹、棉花一半以上需要从国民党统治区进口，为此必须向国民党统治区出口才能换取在那里流通的法币。但边区经济落后，能够出口的东西很少，所以经常处在入超状态。

针对这种情况，陈云决定改变原来外贸分散经营的方式，对重要的出口物资特别是盐，实行统购统销，对主要的进出口口岸实行统一管理。1944 年关中平原新棉上市时，陈云指示各口岸统一提高棉花收购价格。这一招果然灵验，边区周围的国民党军队原本是要防止货物流入边区的，可是为了赚钱，却让士兵背着棉花到边区来卖，有些一夜背三趟，封锁线顿时变成了“转运站”。

在金融工作中，一个非常困难的问题是货币发行问题。陈云对边区货币发行的经验教训做了深入的分析和总结，提出货币发行“不要冲破饱和点”的原则，即货币发行要与流通的实物相平衡。这不仅在理论上，而且在实际工作中，为边币发行量找到了具体的限度。

金融的另一个重要问题是边币与法币的关系问题。边币是皖南事变后陕甘宁边区发行的独立货币，但有人以为只要靠政治手段就可以使边币彻底脱离法币，从而保持边币的“独立性”。

中年陈云

陈云认为这种愿望很好，但并不可行。他认为，既然边区经济离不开进出口，也就离不开法币；既然边区经济落后，存在一个很大的进口需求，边币也就只能跟着法币走。他对两种货币比价与进出口商品物价之间的变动关系做了细致分析，提出边币币值不能稳定在物价上，而只能稳定在与法币比价上。

陈云还提出要利用法币贬值的时机，提高出口货物价格，出口黄金，买进法币，少进货物；利用法币升值的时机，抛出法币，买进物资和黄金，使边区政府从中赚取了大量差价，以充实银行的准备金，创造了中国共产党领导金融工作的奇迹。

在主持边区财经工作期间，陈云领导财经办事处制定了一系列促进生产发展的政策，又提出了留有后备的财政方针。他在1945年2月召开的边区财政厅工作检讨会上，提出财政工作的方针是：生产第一，分配第二；收入第一，支出第二。在保证需要方面，他提出的方针是：军队第一，学校第二，机关第三。

在这些方针的指导下，边区工农业生产都得到了进一步发展，金融物价趋于稳定，进出口贸易达到了平衡，政府积蓄了充足的物资，为抗战胜利后中国共产党开辟新解放区、扩充部队、增加装备，奠定了坚实的家底。

四、新的使命

抗战胜利后，为了欺骗国内国际舆论，也为了争取时间，蒋介石接连发出三封电报，邀请毛泽东到重庆进行和平谈判。为了表明中国共产党对争取和平的真诚愿望，毛泽东决定亲赴重庆谈判。临行前，中央政治局召开了扩大会议，决定在毛泽东赴重庆谈判期间，由刘少奇代理中央主席职务，并增选陈云、彭真为中央书记处候补书记。

同时根据中央关于要挺进东北建立根据地的指示，中共中央决定成立由彭真、陈云、程子华、林枫、伍修权组成的东北局，以彭真为书记，立即起赴东北开展工作，原来准备南下的11万人的部队和两万名干部，也转为挺进东北。为了使东北局领导人与驻东北的苏军打交道方便，刘少奇还以中央军委主席毛泽东的名义，授予彭真、陈云中将军衔。

随后陈云立即赶赴东北，组建了中共北满分局，任分局书记。不久后，东北局机关迁入哈尔滨，同北满分局合并。1946 年 6 月中旬，中央决定任命林彪为东北局书记，彭真、罗荣桓、高岗、陈云为副书记，并以他们五人组成东北局常委。同时决定设立东北财经委员会，作为东北解放区经济工作的最高领导机关，由陈云任主任。

陈云的工作刚刚开了一个头，军事形势突然发生变化，位于辽宁和吉林东部的南满根据地告急。原来蒋介石为了和共产党争夺东北，制定了“南攻北守，先南后北”的方针，集中八个师 10 多万人的兵力，于 10 月中旬分三路向南满根据地大举进攻。

这时，在南满的东北民主联军只有三纵、四纵两个纵队和两个独立师，合计四万余人，敌我力量悬殊，不得不放弃安东、通化等重要城市。到了 11 月中旬，南满根据地仅剩下临江、长白、濛江、抚松、辑安（今集安）五个小县，形势十分危急。

此时东北局意识到，如果南满丢了，不仅可以便敌人集中兵力对付北满，而且特使东北解放区失去与关内的海陆交通联系，故决定成立南满分局和辽东军区，以加强南满根据地的统一领导。陈云考虑到南满得失关乎东北全局，意义实在重大，所以自告奋勇前往。

东北局经过请示中央，决定任命陈云为南满分局书记，并由萧劲光和他分别担任辽东军区司令员和政治委员。陈云、萧劲光一到临江，立即找干部谈话，了解大家对形势的看法。当时，由于部队不断的撤退和根据地的日益缩小，大多数干部情绪低落；南满部队领导为防万一，做好了主力部队继续撤退到北满的准备，更使人心浮动。

于是，陈云在一次干部集会上发表讲话，分析了当前不利局面中的有利因素和历史的大趋势，鼓舞大家的斗志。并鉴于根据地太小，难以作战，陈云提议派一部分主力部队到敌后，创建游击根据地。为了贯彻南满分局的决定，萧劲光于 12 月 11 日在前线指挥部召开了辽东军区师以上干部会议。

会上，在主力部队去留问题上发生了两种意见的争论，两三天没个结果。而这时国民党军三个师正在集结，准备向临江地区发动进攻，形势不容这种争论无休止地进行下去。于是，萧劲光给陈云打电话，请他亲自出马，拍板定夺。

第二天会议一开始，陈云先提出了一个问题，就是在南满还有没有文章可做了？让大家充分发表意见。大家讲完后，他说：同志们要我来拍板，我就拍这个板。我们不走了，一个人也不走，留下当孙悟空，在长白山上打红旗。

接着，陈云深入分析了敌我双方的优劣和主力去留的利弊。他生动形象地比喻说：东北敌人好比一头牛，牛头、牛身子是朝着北满去的，在南满留下一条尾巴。如果我们松开了这条尾巴，那就不得了，这头牛就要横冲直撞，南满保不住，北满也危险。如果我们抓住了牛尾巴，那就了不得，敌人就进退两难。因此，抓住牛尾巴是关键。坚持南满，可能使我们损失一半人，甚至四分之三，但可以使南、北满保住掎角之势，牵制住敌人四个军，使他们不敢放手进攻北满。相反，向北满撤，部队在过长白山时要损失几千人；撤到北满后，敌人追过来，还要打仗，又要损失几千人；而且失去了南满，北满也保不住，部队还得继续往北辙，撤到了苏联境内，早晚有一天还要打回北满，打到南满，那时，从南满撤下来的部队又要损失几千人。另外，主力走后，留下的部队和地方武装，也会受到很大损失。前前后后加在一起，损失的人也不少。两相比较，还是坚持南满比撤离南满损失小。

然后，陈云又从敌情、我情、军情、民情和全国与东北的形势等几个方面，进一步分析了坚持南满的可能性，使在座的人心悦诚服，异口同声表示不走了。就这样，要不要坚持南满的问题顺利解决了。事后，有人把陈云在会议上下的三个决心称作“三槌定音”。

会后，在陈云与萧劲光的领导下，南、北满相互配合，南拉北打，使敌人始终处于两线作战，顾此失彼。不仅四次击败了敌人优势兵力对临江的疯狂进攻，而且在不到半年时间里，相继收复了辑安、通化、安东，恢复并扩大了南满根据地的地盘。这一胜利扭转了东北战局，改变了敌进我退的态势，为东北民主联军的全面反攻奠定了基础。

在四保临江的战役中，萧劲光在前方指挥打仗，陈云在后方主持地方工作，他一方面积极做一部分领导同志的思想工作，另一方面努力发动群众支援前线。在战斗吃紧时，陈云和萧劲光都解散了自己的警卫班，身边只留下一两个警卫员。

为了克服党内存在的消极和自由主义的思想情绪，陈云多次召开南满分局会议，从端正思想方法、健全党内生活等角度，做了大量思想工作。他在会上讲到要避免思想上的片面性时，再次提出了“交换、比较、反复”的六字诀。

不过，正如陈云自己所说：“我感到有困难的，决非在人事，这我完全可以对付，困难在于军事，我毫无经验。发生争论时，我无从说话，必须弄清事实，弄清利害，才能下决心。本来懂得军事的人，有许多问题是常识问题，但对我来说，却非下大力去摸清楚不可。这件事比在北满不知苦多少倍，尤其因为军事常常追在眼前，非迅速决定不可，而且我不能不管。但我勇气还是有的，现在正鼓起勇气来补十年内战、八年抗战所未上的课。”

事实说明，这一课，陈云补得很认真，也很有成效。萧劲光在回忆录中写道：敌人第四次向临江进攻时，我军由于连续作战，没有得到休整和补充，形势很严重，又产生了怎么打的问题。这个时候陈云主持召开了分局、军师干部会议，经过充分讨论，一致认为无论战争多么残酷，也要打下去。陈云“反复问大家，对这样的决定后悔不后悔。大家一一表态‘不后悔’。于是，他诙谐地一拍桌子说：‘我们学上海交易所的规矩，拍板成交了。’”

五、经济战线上的“淮海战役”

1949年5月27日，上海解放。5月31日，中共中央发出《关于建立中央财政经济机构大纲（草案）》。6月4日，周恩来在北京饭店主持召开各级党政机关负责人和各民主党派人士会议，宣布派陈云、薄一波负责筹备组织中央财政经济委员会。一些老熟人问他以后打算怎么干？陈云的回答很谨慎，也很平淡，只说了一句：“安下地盘后试一试。”

然而正是这一“试”，“试”出了全国的物价稳定、财经统一，“试”出了经济战线上的“淮海战役”。

7月12日，陈云主持召开了中财委成立会议。刚开始，中财委只设立了计划局、统计局、劳动局、合作事业指导局、私营企业管理局等几个部门，组建了以内地调剂为主的粮食、花纱布和以出口为主的猪鬃、土产等10个公司，外加一个进口公司，机构、人员短小精悍。

为了能够胜任领导全国财经工作的重担，陈云以“不拘一格”和“五湖四海”的方针，从各大区、党内外选调各种精通专业知识和有经济管理经验的人才。例如，计划局的局长、副局长一共七位，局长宋邵文是华北调来的，副局长朱理治、曹菊如是东北调来的，杨放之是华北调来的，而孙越崎、钱昌照和孙晓村则是党外民主人士。著名化工学家、永利化学工业公司总经理侯德榜也是一位不可多得的人才，被陈云请来担任了中财委高级技术顾问。

在求贤若渴的陈云敦促下，著名经济学家、浙江大学校长马寅初也担任了中财委的副主任。他还推荐章乃器出任中国人民银行顾问，并在中财委内留用了原国民党政府资源委员会的 15 位高级专家。

在中财委的班子搭起来之后，陈云受中央委托，于 7 月 19 日前往上海，一方面调查和解决上海的经济问题，另一方面在那里召集华东、华北、华中、东北、西北五大区财经领导干部开会，研究解决全国的财经问题。

当时，通货膨胀自 1937 年开始，已在中国肆虐 12 年之久。到 1949 年 5 月前，上海物价指数同 1948 年 4 月国民党政府发行金圆券时相比，竟上涨了近 14 万倍，纸币几乎变成了废纸。

与此同时，为了彻底打败国民党反动派，解放军要继续向全国进军；为了稳定人事，人民政府要接收大批旧政权的公教人员，救济灾民和失业的工人、知识分子；还要拨出经费抢修铁路，兴修水利，提供生产贷款，等等。这使中央财政支大于收，不得不超量发行货币。但更大的挑战还是来自国民党和投机资本对新解放城市的捣乱与破坏。

面对这一切，对新中国本来就抱有敌意的帝国主义在一旁幸灾乐祸，同情新政权的国内外朋友对收拾这个烂摊子缺少信心，投机资本家则想趁此机会与共产党较量一番，大捞一笔。他们叫嚣说：“共产党军事上 100 分，政治上 80 分，经济上打 0 分。”因此，能否控制住通货膨胀这个脱缰的野马，成为对即将取得全国政权的共产党人的严重考验。

解放军占领上海后，以 1∶10 万的比例，用人民币收兑国民党政府发行的金圆券。但在收兑工作结束后，人民币却没有真正成为市场上的流通币，取而代之的是银元。

原来，上海的投机资本利用居民保存钞票不如保存实物的心理，任意抬高银元对人民币的比价，在短短 10 天内竟上涨近两倍。商家纷纷用银元标价，人民币被拒收，形成了人民解放军能进城而人民币进不了城的诡异局面。

为了维护人民币币值，稳定市场，上海市人民政府不得不抛售 10 万银元。但这些银元被投机势力悉数吃进，没起作用。陈云接到华东财委的报告后，于 6 月 8 日签发中央财委致华东局、华中局电，指示他们严厉打击银元投机活动，明令禁止金条、银元、外币在市场流通，由人民银行挂牌收兑；铁路交通事业（包括市政公用事业）和税收一律收人民币，通过各人民银行检验资金。

华东财委和上海市政府先通过报纸、广播电台发表社论和领导人讲话，要求投机分子立即停止犯罪活动。在规劝无效的情况下，上海军管会于第三天派出军警，一举查封了投机分子的大本营——上海证券大楼。与此同时，上海方面采取了电报提出的各项经济措施。不出一个月，猖狂的银元风波即被平息下去，人民币终于在上海站稳了脚跟。

“银元之战”虽然取得了胜利，但投机资本的活动很快又从金融领域转向商品流通领域，从 6 月 10 日到 7 月 21 日的一个多月中，以米价带头，纱布跟进，带动物价全面上涨。与此同时，上海工商界面临原料缺乏、资金短缺、销路呆滞、企业亏损、劳资双方关系紧张等一系列严重困难，停工歇业的工厂竟占工厂总数的 20%还多。潜伏在上海的国民党特务更是放出谣言，说什么“中秋节要回上海吃月饼”，“春节要来上海吃年饭”，扰得人心惶惶。

10 月 15 日，投机资本在囤积了大批粮食、纱布以后，在上海、天津再次发动了一场涨价风潮，并迅速波及华中、华北，进而导致全国物价猛涨。

面对物价涨风，陈云电示东北，紧急调拨一批粮食到北京，要求他们保证每天发一个列车。到 11 月 13 日，陈云认为全国平均物价比 7 月底上涨近两倍，已有稳住的可能，于是起草了一份电报，要求各地采取紧急措施，全力稳住物价。

电报共提出 12 条措施，其中主要是：调运集中粮食、纱布，力争于 11 月 25 日，至迟 30 日完成，然后于 11 月底 12 月初在全国各主要城市一齐抛售；收缩银根，各大城市开征税收，暂停除中财委和各大区财委批准之外的一切银行贷款、工矿投资和收购资金的支付，迟发地方经费半月或 20 天，叮嘱部队后勤不得将军费投入商业活动；为教训投机商人，在抢购风盛时，趁机抛出冷货、呆货，待他们吐出主要物资时再趁机买进。

11 月底至 12 月初，中财委一声令下，国营公司在上海、北京、天津、武汉、沈阳、西安等城市一齐大量抛售粮食、纱布等主要物资。投机商开始不知是计，大量高价吃进，但随着国营公司的货物越抛越多，价格越压越低，才感到大势不妙，只好以低价向外抛售。

这时，国营公司反过来买进，大批投机商因无处借款，资金周转不灵，纷纷破产，有的甚至跳楼自杀。上海资本家事后表示：“6月银元风潮，中共是用政治力量压下去的；此次则仅用经济力量就能稳住，给了上海工商界一个教训。”

这次成功的战斗，史称“米棉之战”。陈云通过成功指挥“银元之战”、“棉纱之战”、“米粮之战”，彻底打垮了投机资本，向世人宣告，共产党人不仅能够打天下，也能够坐天下。

六、逆境与转折

1966年8月，陈云出席了中共八届十一中全会。8月7日，会议印发了毛泽东8月5日写的《炮打司令部——我的一张大字报》，严厉指责刘少奇、邓小平关于向高等院校派工作组的决定是镇压学生运动。朱德、陈云等也在会上受到不同程度的批判。

康生在攻击陈云的发言中说：“看看他1962年的报告，就知道他的经济学是什么货色，他只讲经济，不讲政治，他讲的经济政策，只是资本主义的商人经济而已。”

这次会议通过了《关于无产阶级文化大革命的决定》，改组了中央政治局常委，将原来的七人扩大到11人，并重新排列了次序，陈云被排到最后。这次会议并没有选举主席和副主席，但会后只有林彪被称为副主席，其他人的副主席职务不再提及，实际上被取消了。

1967年1月，陈伯达在北京大专院校造反派召开的一次大会上宣称在刘少奇、邓小平的“资产阶级反动路线”被批判以后，中央“起码还有个把人物未被揪出来”，暗示造反派揪斗陈云。这个讲话一传开，北京街头和造反派组织编印的小报上，很快出现了攻击陈云的大标语、大字报和“大批判”文章。

在中央文革小组的煽动下，一些造反派还于半夜闯进陈云在北长街的住宅内抄家，要把他的保险柜强行搬走，还要查抄他保存的评弹录音。周恩来闻讯后，一方面派人与中央文革小组联系，勒令造反派立即撤走；另一方面安排有关部门连夜将陈云转移到更加安全的地方。

1968年10月，中共召开八届扩大的十二中全会，错误地批准了关于刘少奇所谓罪行的审查报告，决定永远开除他的党籍。会上，朱德、陈云等老一代革命家再次受到围攻。

谢富治在小组会上说："陈云同志在七千人大会上，主席三次叫他讲话，他说没调查研究就没有发言权。后来不到一个月，作了黑报告反毛主席、反大跃进、反总路线。先念同志、富春同志那次也起了作用，应当彻底批判。刘、邓、朱德、陈云都是搞修正主义的。"

"刘少奇抬出陈云搞经济小组，收拾'残局'，就是搞修正主义。"

"陈云同志搞些什么，多赚钱卖花布、炒肉片、高价商品。陈云同志一贯反对毛主席，休息也不干好事。这些东西都要清算。"

在1969年4月召开的中共九大上，从始至终笼罩着"左"倾思潮和个人崇拜

陈云与刘少奇、邓小平

陈云与毛泽东

的狂热气氛。林彪、江青集团主要成员都进了政治局，而从 1935 年起就担任政治局委员的陈云却被排除在外，仅保留了中央委员的名义。

这次会后，按照毛泽东关于让一些老同志去工矿企业“蹲点”调查的指示，陈云同叶剑英等一批老同志被安排到由中央警卫团“支左”的北京新华印刷厂“蹲点”。他每天上午去半天，先后参加了 50 多次职工“斗、批、改”学习班的会和 10 余次向工人学习的调查讨论会。

1969 年 10 月 17 日，根据毛泽东关于国际局势可能急剧恶化、苏联可能对中国突然袭击的估计，中央要求一些在京老同志战备疏散到外地。陈云同邓小平、王震等人被指定去江西。当时陈云的夫人于若木已去湖南的“五七”干校；五个子女，一个也去“五七”干校，一个在大学等待分配，一个在北京郊区农村小学任教，一个到驻西藏部队工作，一个在北京工厂当工人，家中未能有一人随行，几近是被流放。

1975 年四届全国人大开过之后，周恩来病情加重，由邓小平主持国务院和中共中央的日常工作，在毛泽东、周恩来的支持和叶剑英、李先念等的配合下，邓小平果断地对被搞乱了的各条战线进行整顿，全国政治和经济形势出现好转。但就在这年年底，毛泽东听信了“四人帮”的诬告，并不能容忍各方面整顿的展开对“文化大革命”的“左”倾错误进行系统的纠正，动摇了对邓小平的信任，决定发动所谓“反击右倾翻案风”的运动。

正在这时，身患癌症的周恩来于 1976 年 1 月 8 日逝世。从这时起，直到 4 月初的清明节，在北京及各大城市，广大群众怀着对周恩来逝世的悲痛、对“四人帮”种种恶行的憎恨、对党和国家前途命运忧虑的心情，自发举行了各种形式的悼念活动，矛头直指“四人帮”。接着，朱德、毛泽东先后于7月和9月逝世，伟人们的相继离去，使得“四人帮”更加紧了篡夺党和国家最高权力的活动。

此时陈云虽然赋闲在家，但密切注视着事态的发展，他以一个无产阶级政治家50余年的斗争经验和敏锐的洞察力，清醒地意识到，决定党和国家命运的时刻到了。

正当华国锋为“四人帮”的夺权阴谋而苦恼焦虑的时候，叶剑英、李先念等向他伸出了援助之手。叶剑英一方面表示了对华国锋的支持，另一方面通过王震与一批德高望重的老同志联系。

王震到陈云家中商谈解决“四人帮”的办法，陈云曾考虑用召开中央全会的方式解决，但反复研究了中央委员会的名单后，感到没有把握。9月19日，叶剑英派人秘密接陈云去他在西山的住所，向陈云征求意见。叶剑英将毛泽东批评“四人帮”的讲话拿给陈云看，问怎么办？陈云果断地回答：“这场斗争不可避免。”

10月6日，在叶剑英、李先念等的推动下，华国锋下定决心，代表政治局宣布采取断然措施，对江青、张春桥、姚文元、王洪文实行隔离审查，一举粉碎了“四人帮”。随即华国锋召集政治局紧急会议，一致通过了由他担任中共中央主席、中央军委主席的决议。

次日上午，王震兴冲冲地来到陈云住所，将这一情况告诉了陈云。当消息传出后，人们纷纷走上街头，载歌载舞，欢庆这一伟大胜利。

“四人帮”的粉碎为纠正长期以来党的“左”倾错误，调动全国人民进行四个现代化建设的积极性，提供了绝好的历史机遇。然而，1977年2月7日，《人民日报》、《红旗》杂志和《解放军报》发表题为《学好文件抓住纲》的社论。这篇社论在强调揭批“四人帮”是“当前的纲”，要“抓纲治国”的同时，公开提出“两个凡是”的方针。

当时，要让党和国家从“文化大革命”的阴影中彻底走出来，打开全党全国工作的新局面，关键要解决两件大事：一是为1976年的天安门事件平反；二是恢复邓小平在天安门事件后被撤销的职务。但按照“两个凡是”的方针，这两件大事一件也解决不了。怎么办？人们再一次把希望的目光投向了老一代革命家。

在老一代革命家中，叶剑英是中央副主席，主持军委日常工作；李先念是中央政治局委员，主持国务院常务工作，他们有些话不便在公开场合说。提出这两件大事的任务，历史地落在了曾长期担任过中央副主席而现在只是中央委员的陈云身上。

陈云没有辜负全党的希望，抓住了 1977 年 3 月中央工作会议的机会，公开提出了解决这两件大事的要求。会前，他就与王震、胡耀邦、耿飚、王诤等人分头相约，要在会上就这个问题发言，并把发言字斟句酌地写了出来。

会议开始前，华国锋便向各小组召集人打了招呼，希望大家发言不要涉及邓小平出来工作和天安门事件这样敏感的问题。面对高压气氛，陈云仍按会前写好的稿子，一字不落地在小组会上做了发言。

在叶剑英、李先念的促进下，华国锋在会议临近结束时表了个态，说“要在适当时机让邓小平同志出来工作”。陈云在小组会上马上补了一句，说：“适当时机，我赞成。”

会后，党内外要求邓小平出来工作的呼声更加强烈。于是，在 7 月召开的中共十届三中全会上，邓小平终于被恢复了全部职务。

七、“雏凤清于老凤声”

中共十一届三中全会闭幕后，中央政治局于 1978 年 12 月 25 召开会议，讨论新增选的几位政治局委员的分工问题，决定陈云分管中央纪律检查委员会和政法工作。1979 年 3 月，中央又决定由陈云出任国务院财政经济委员会主任。从这时算起近两年时间，陈云把自己的精力主要用在了抓国民经济调整和几个重大历史案件的审理、平反以及党风党纪的整顿上。

中纪委主持日常工作的负责同志曾向陈云请示工作方法问题，陈云当即回答：“抓党风。中纪委的工作指导方针是维护党规党法，整顿党风问题。”以后，当中纪委负责人问他对一次会议有何指示时，他又说：“执政党的党风问题是有关党的生死存亡的问题。因此，党风问题必须抓紧搞，永远搞。”

鉴于“文化大革命”的沉痛教训，起初陈云所说的整顿党风，主要指的是恢复党的民主集中制特别是党内民主的作风。有一次，他审阅一份报告稿，看到上面说“文化大革命”得以发生的重要原因之一是民主集中制被破坏，民主生活很不够。他让秘书转告起草人：应该说党内民主集中制没有了，集体领导没有了，这是“文化大革命”发生的一个根本原因。

在中纪委第一次全会上，陈云又说：中纪委的基本任务就是维护党规党法，整顿党风，也就是要实现生动活泼的政治局面。为了从制度上保证这种局面得以巩固，陈云还指导草拟了《关于党内政治生活的若干准则》。

要使党内生活正常化，不仅要为过去的冤假错案平反，而且要妥善处理犯错误同志和制造过冤假错案的人的问题。在这方面，陈云的所作所为，也为后人树立了榜样。例如，中央为了处理林彪、江青两个反革命集团的案件，成立了有中纪委、中组部、高检院、高法院等部门人员组成的两案审理领导小组，他们在工作中碰到对一些跟着林彪、“四人帮”的人如何处理的问题。

对此，陈云指出：“文化大革命”是在特定历史条件下发生的政治斗争，因此，除了对若干阴谋野心家必须另行处理外，对其他有牵连的人，必须以政治斗争的办法来处理。这种处理办法应该是使今后若干代的共产党人从中取得教训，从而对党内斗争采取正确的办法。

由于他的这个意见，解脱了一大批人。即使对这两个集团里的人，他也提出林彪集团中的人过去有战功，在处理上要同江青集团有所区别，对年老有病的要保外就医；对江青集团的主犯，他同意判重刑，但反对用极刑，说如果开了杀戒，对后代不好交待。陈云的这些意见，对恢复和发扬党的优良传统，产生了深远影响。

1981年5月，陈云在杭州休养期间，亲笔写了一份意见书，指出：目前摆在我们面前的有两种选择，一种是继续不警惕干部青黄不接的状况，在老干部陆续病倒、病死时，被迫仓促提拔一些不很适当的中青年干部；另一种是从现在起就成千上万地提拔德才兼备的中青年干部，让他们在领导岗位上锻炼，同时由老干部传帮带。

在这份意见书中，陈云还提出了有关提拔培养中青年干部的几个具体措施，一是中组部要成立青年干部局和技术干部局；二是各级组织都要设立辅助机构和辅助人员，如研究室、书记助理等；三是老干部退居二、三线后，在政治、物质待遇上要给予保证和优待。

邓小平看过意见书说：老干部方面的问题还没处理好。为此，陈云回到北京后，又召集中组部和总政治部的负责人开会，形成了《关于老干部离休、退休问题座谈会纪要》。不久，他的这份意见书和座谈会纪要在中共十一届六中全会印发。

会后，中央留下各省、市、自治区的党委书记开了三天会，专门讨论这两个文件。陈云对有关问题做了说明和阐述，邓小平则表示完全赞成，他说：我和陈云交过心的，就我们自己来说，现在退实在心里非常愉快。但现在还不能退，除了要过问国家的政策、党的方针以外，我们两个人的主要任务是要解决选拔中青年干部的问题，这是最大的事情。

陈云与邓小平

面对经济体制改革的问题，陈云在写出《计划与市场问题》一文后，并没有间断他的思考。1981 年年底，陈云又提出"以计划经济为主，市场调节为辅"的观点。综观他在此前后的发言、批示、信件，不难看出他所说的这个计划经济与之前高度集中的计划经济是完全不同的。

1982 年年底五届全国人大五次会议期间，上海代表团部分同志去陈云家中与他座谈。他在谈话中着重讲了搞活经济与宏观控制的关系问题，并借用鸟和笼子的关系打比喻说：鸟不能捏在手里，要让它飞，但只能让它在笼子里飞，没有笼子，它就飞跑了。如果说鸟是搞活经济的话，笼子就是国家计划。"笼子"大小要适当，该多大就多大，不一定限于一个省、一个地区，也可以跨省跨地区，甚至跨国跨洲；另外"笼子"本身也要经常调整，比如对计划进行修改。但总要有个"笼子"。

为什么一定要有个"笼子"呢？陈云在另一处讲话中说得很明白："搞好宏观控制，才有利于搞活微观，才能做到活而不乱。"

1982 年中共十二大后，老一辈革命家开始陆续退居二线，进入中央顾问委员

离休后的陈云

会发挥余热，1987 年 11 月 10 日，陈云接替邓小平，成为中顾委第二任、也是最后一任主任。

1992 年年初，邓小平视察南方，发表重要讲话，使改革开放进入一个新阶段。当年“五一”节前夕，中共上海市委书记吴邦国和市长黄菊向正在那里休养的陈云汇报工作，陈云笑着对黄菊说：“不是有新闻记者向你打听陈云对开放浦东的态度吗？你回答得好，我非常赞成开发、开放浦东!”临别时，陈云把手书的两句唐诗“桐花万里丹山路，雏凤清于老凤声”赠给了他们。

在邓小平视察南方讲话精神的指引下，中共于 10 月召开了中共十四大，确定把建立社会主义市场经济作为经济体制改革的目标模式，并决定不再设立中央顾问委员会。自此，陈云开始过起了离休生活。

1994 年 5 月，陈云因肺炎住进了北京医院，并在那里度过了他最后的岁月。

1995 年 4 月 10 日下午 2 时零 4 分，陈云在同疾病顽强斗争了 321 天后，终因年事太高，各种脏器功能均已衰竭而不幸与世长辞。

“书生气浓的革命家”——瞿秋白

他是中国报道十月革命后苏俄实况的第一人。

他是中国用文艺体裁描写列宁风采的第一人。

他是中国完整译配《国际歌》词曲的第一人。

他也是系统地给中国读者介绍马列主义文学艺术理论的第一人。

作为中国共产党早期领袖，瞿秋白以批判陈独秀右倾错误得以升迁，也以顺从共产国际在现实中失败。被捕后，他对党坚贞不渝慷慨就义，却怀着一腔忧愤写下《多余的话》。作为一个擅长理论研究的学者型革命家，他是如何“错误”地步入政途，卷入错综复杂的政治斗争中，从此使他的一生蒙上了悲剧色彩……

瞿秋白档案：

姓名字号：瞿秋白，名双，别名瞿霜，瞿爽，字秋白

籍　　贯：江苏省常州市

生卒年月：1899 年 1 月 29 日—1935 年 6 月 18 日 卒年 36 岁

毕业院校：北京俄文专修馆

最高职务：中共中央政治局常委、中央临时政治局主席

瞿秋白简历:

1899 年——1 月 29 日出生在江苏常州一个仕宦书香之家。

1916 年——入武昌外国语学校学习英语。

1917 年——考入北京俄文专修馆，学习俄语，自学英语、法语。

1920 年——以《晨报》特派记者身份，赴苏俄考察两年。

1922 年——加入中国共产党。

1923 年——归国，任《新青年》主编。

1924 年——当选国民党一大中央候补执行委员、国民党中央政治委员会成员，同年任《民国日报》编辑。

1925 年——当选中共四大中央委员、中央局委员和宣传部委员，任《热血日报》主编。

1927 年——当选中共五大中央委员、中央政治局委员、政治局常务委员；同年当选中央临时政治局主席。

1928 年——当选中共六大中央委员、中央政治局委员；后任中共驻共产国际代表团团长；同年参加共产国际第六次代表大会，当选共产国际执行委员会委员、共产国际主席团委员。

1930 年——归国。

1931 年——在中华苏维埃第一次全国代表大会上，当选为中央执委会委员、教育人民委员。

1934 年——在中华苏维埃第二次全国代表大会上，当选为中央执委会委员、中央执委会主席团成员、教育人民委员。

1935年——被捕。6月18日就义，卒年36岁。

一、苏俄之行

1920 年 9 月，在北京宣武门外骡马市大街羊肉胡同一个普通住宅里，昏暗的灯光下，21 岁的瞿秋白正与堂兄瞿纯白探讨并做出一个重要决定：作为《晨报》特派记者赴莫斯科工作。

这并不是一个可以轻松做出的选择，当时的苏俄被称作"饿乡"，在经历了第一次世界大战和三年内战后，苏俄国内食品和日用品奇缺，人民过着饥寒交迫的生活。而瞿秋白在武昌读外国语学校时患上初级肺病，如今病情已有所发展，去莫斯科工作对他的身体显然不利。对此，堂兄表示了明确的反对意见：

"抛开饿乡的艰苦条件不说，就莫斯科的寒冷气候这一点，你的身体就受不了。"

"我知道。可是，去苏俄考察学习一直是我的梦想。"

青年瞿秋白

尽管如此，瞿秋白还是首先会考虑堂兄的意见，他能够学业有成，多得益于堂兄的培植与帮助。瞿家原本是江南名城常州府的名门望族，祖上世代为官。但他们的祖父早逝，家道中落。而瞿秋白的父亲瞿世玮虽绘画造诣颇深，且粗谙医道，却早年游荡，无所事事，一家人生活拮据。

瞿秋白从小能书善画，对知识如饥似渴，却因无钱交纳学费，在 16 岁时被迫退学，其母亲也因贫困走投无路而自尽！从此，瞿秋白的弟弟妹妹们被送到各处亲戚家寄养，父亲到济南投奔了朋友，瞿秋白投奔了堂兄瞿纯白，在堂兄的帮助下考入武昌外国语学校，后又跟随堂兄来到北京，先是通过了北京大学中国文学系的入学考试，但因堂兄拿不出昂贵的学膳费被迫放弃，后考入免除学膳费的俄文专修馆。

瞿秋白书法

虽然堂兄一直按家族的旧道德培养扶助瞿秋白，但对瞿秋白的信仰追求却从不干涉。五四运动中瞿秋白游行、示威甚至坐牢，堂兄除了牵挂担心，从不阻拦。此后他参加了李大钊的马克思学说研究会，开始研究马克思主义学说和科学社会主义，同时翻译俄国名著，撰写论述俄国文学的文章，堂兄既不反对，也不支持。

现在，经过瞿秋白一番“据理力争”，堂兄最终表示尊重瞿秋白个人的选择。

此时他们都没有想到，这一晚的决定，从此改变了瞿秋白本应成为专家、学者、作家的命运，使他与共产国际结下不解之缘，也给他一生蒙上了悲剧色彩……

10 月 16 日，是瞿秋白启程前往莫斯科的日子，怀着忧伤又激动的心情，瞿秋白与堂兄及其他亲友一一告别，与《晨报》同时派去苏俄的李宗武、俞颂华等人踏上了北上的旅程。

到达莫斯科后，瞿秋白全身心投入到紧张的考察、采访和写作中。1921 年 6 月，将有四个国际性会议在莫斯科召开，分别是共产国际第三次代表大会、共产国际妇女部第二次代表大会、少年共产国际第二次代表大会、赤色职工国际第一次代表大会。瞿秋白为自己即将迎来的紧张采访活动兴奋不已。

6 月 22 日，共产国际第三次代表大会在莫斯科大剧院拉开序幕。瞿秋白由于赴苏俄不久便成为共产国际远东书记处机关刊物撰稿人，因此受远东书记处推荐，以客人身份出席会议，并以《莫斯科的赤潮》为题，报道了大会盛况。

7 月 6 日是瞿秋一生中难以忘怀的日子，这天在克里姆林宫安德莱厅，瞿秋白见到了革命导师列宁。

列宁出席了当天的会议并用流利的德、法语进行演讲。遗憾的是，台前拥挤不堪，瞿秋白根本无法靠近。但在会间休息时，瞿秋白意外地在走廊上与列宁相遇，这让他激动万分，立刻不失时机地上前采访。

尽管列宁工作繁忙，但出于对中国革命的关心，还是与瞿秋白进行了简短的交谈，并将几篇有关东方问题的材料介绍给瞿秋白，这一幕令瞿秋白终生难忘。

这一阶段，瞿秋白除了担任新闻记者撰写大量新闻稿件与相关著作外，还在莫斯科东方劳动者共产主义大学中国班担任俄文教员兼政治理论课译员，刘少奇、任弼时、罗亦农、彭述之、萧劲光、柯庆施等人都听过瞿秋白的授课。不分昼夜地忘我工作，加上营养跟不上，使瞿秋白原本多病的身体每况愈下。

在刚刚到达莫斯科时，瞿秋白就因旅途劳累和寒冷侵袭而病倒。7 月，瞿秋白再次病倒，这一次，他卧床整整一个月，但写作一刻都没有停止。8 月初，病情不见好转，瞿秋白这才去看医生，诊断后，医生指着X光片，对瞿秋白说：

“你的肺病已经很严重了，你看，一叶肺已经烂了，你不能再工作了，你现在需要休息，我看你最好回国。”

“不行”，瞿秋白立刻问，“医生，告诉我，我还有多少日子。”

“依我看，顶多两三年。”医生犹豫一下，最后照实说。

“足够了，谢谢。”瞿秋白说着便站起身，边穿衣服边往外走。

“你现在应该住院！”医生赶紧拦住瞿秋白。

“既然时间不多了，就更没有理由住院了。”瞿秋白微笑着拒绝了医生的好意。

回到住处，瞿秋白立刻投入到写作之中，同时继续到东方大学讲课。由于劳累过度，不久在工作中昏倒，被送进莫斯科附近的高山疗养院。此间他曾在病情刚刚好转时于10月出院，不料12月5日再度昏倒，第二次被送进高山疗养院。

1922年1月，远东各国共产党及民族革命团体第一次代表大会在莫斯科召开，瞿秋白在疗养院再也躺不住了，他不顾医生的劝阻，毅然离开疗养院，带病担任大会翻译工作。尽管他意志坚强，却仍没有坚持到大会结束，于工作中昏倒后，在昏迷中第三次被送进高山疗养院。这一天是2月7日，这一次他在疗养院住得时间最长。

但即使这样，他仍没有放弃写作。有天好友曹靖华来疗养院看望他，他正在专心写作，没有听到敲门声，更没有听到曹靖华进屋的脚步声。

“你不要命了！”

曹靖华的一声呵斥，将瞿秋白从文章中拉回现实。由于没有台灯，瞿秋白将房顶的吊灯拉到床头附近，用绳子一头系在床头上，另一头系在吊灯上，以此固定光源。然后背靠床头，将纸平铺在枕头上，再将枕头放在腿上进行写作。看着瞿秋白如此艰苦写作的场面，曹靖华关切地说：

“我劝你还是停止写作，好好养病，否则会适得其反。”

“我也是这么想的，可是”，瞿秋白看看曹靖华笑了笑，又严肃地说，“最近有资产阶级报纸抨击布尔什维克，我一看就有气，哪里能闲得住！”

就是在这一期间，瞿秋白写下《共产主义的人间化》、《莫斯科的赤潮》等著名通讯，还另外写下《彼得之城》等20篇文章寄到国内发表。一直到4月，瞿秋白才离开疗养院。

就这样，瞿秋白带病在苏俄工作了两年。其间，他通过实地考察，深入了解俄国十月革命后的情况，研究俄国共产党改造苏俄社会的道路和方法，撰写了大量通讯，在《晨报》、《时事新报》刊登发表，成为俄国十月革命以后第一个在中国介绍苏俄情况的人；他还写下《饿乡纪程》（后改名为《新俄国游记》）、《赤都心史》、《俄国文学史》、《俄罗斯革命论》四部专著，介绍和宣传俄国革命；并由张太雷介绍，于 1922 年 2 月在莫斯科加入中国共产党。

11 月 5 日，共产国际在彼得堡召开第四次代表大会，瞿秋白在出席大会的同时，担任了陈独秀、刘仁静等人的译员。当时，瞿秋白是中国共产党内唯一一位俄语翻译。张太雷虽在共产国际工作，但他使用的是英语。会议结束后，陈独秀便邀请瞿秋白一同回国工作，12 月 21 日，瞿秋白与陈独秀一道离开莫斯科，踏上了归国之路。

二、两段情缘

1923 年夏，瞿秋白来到了中共中央所在地上海，担任了共产党机关刊物《新青年》主编，同时任党刊《向导》、《前锋》编辑，不仅在以上刊物发表文章，其他包括如《中国青年》、《晨报》、《民国时报》和《东方杂志》也经常可以看到瞿秋白的文章。

由于他致力于宣传马克思主义学说，尽管他在党内没有担任职务，但他在理论宣传方面的特长很快显示出来，并受到共产国际的注意。

对于共产国际提出的国共党内合作的主张，当时中共党内多数人持反对意见，瞿秋白却支持这一主张，并从理论高度阐述了这一主张的重大意义，因此赢得共产国际方面的好感。共产国际代表马林称瞿秋白是中共党内“唯一真正懂得马克思主义理论的人”，“是唯一能按马克思主义的方法分析实际情况的同志”。

因此，1923 年 6 月中共三大召开之前，由瞿秋白起草了中国共产党党纲草案。从此，24 岁的瞿秋白开始了一生的政治生涯。

中共三大结束后，瞿秋白从广州返回上海，经李大钊介绍，前往上海大学任职。

瞿秋白到任后，即搬入闸北青云路师寿坊上海大学宿舍，开始了夜以继日的筹办、改革上海大学的工作。他在 1923 年发表的《现代中国所当有的“上海大学”》一文，对上海大学的职任设置、系科设置以及如何办好大学提出了一整套设想与规划。他除了负责学校的领导工作、筹划全校教学与课程安排外，还担任了现代社会哲学、现代社会学、现代民族问题、社会科学概论、新经济政策等多门课程教学任务。

课堂上，瞿秋白讲课生动形象、深入浅出、旁征博引，广受学生好评。课下，瞿秋白则引导学生参加社会调查与实际的政治斗争，要求学生“不要死读书”，要“一边学习，一边参加实际工作”，这样才“有助于领会革命理论、改造思想和取得实际经验”。

由于国内气候比莫斯科要温暖和缓，瞿秋白的肺病得到缓解。也就在这一年，爱情之神也开始光顾这个好学不倦的年轻人。

在当年 8 月召开的中国社会主义青年团第二次全国代表大会期间，瞿秋白结识了他的第一任妻子王剑虹。当时瞿秋白代表中共中央前往南京参加会议，同时出席会议的还有刘仁静、邓中夏、恽代英、张太雷、施存统等人。施存统的妻子王一知与王剑虹、丁玲是同学，在施存统的住所，瞿秋白与同去做客的王剑虹、丁玲相遇，相识。

王剑虹是四川酉阳土家族姑娘，丁玲为湖南临澧人，两人曾同在湖南桃源第二女子师范就读，是要好的朋友。1922 年初春，两人一起离开湖南，进入陈独秀、李达创办的上海平民女子学校，如今为寻求更好的发展，两人又一道来到南京。

此时王剑虹 22 岁，思想进步，多才多艺，经常在中国共产党创办的《妇女之声》上发表文章，宣传科学社会主义，还协助和组织劳工运动，致力于妇女解放运动，是一位能干聪颖的时代女性。丁玲这年只有 19 岁。两人都读过瞿秋白的文章，对瞿秋白十分仰慕，57 年后，丁玲在形容初识时的瞿秋白时，说：

“这个新朋友瘦长个儿，戴一副散光眼镜，说一口南方官话，见面时话不多，但很机警，当可以说两句俏皮话时，就不动声色地渲染几句，惹人高兴。我和剑虹认为他是一个出色的共产党员。”

两位思想进步的女性同样给瞿秋白留下了极好的印象，瞿秋白当下动员两人到上海大学就读，她们欣然同意。不久，王剑虹进入上海大学中文系二年级，丁玲就读一年级。作为社会学系主任瞿秋白，成为了她们名副其实的老师。

课余时间，瞿秋白经常光顾王剑虹和丁玲租住的亭子间，给两人讲授文学，后来又教她们学习俄语，从词汇、语法到变格都讲解得十分耐心，还帮助她们领会普希金的诗歌。瞿秋白的目光总是不由自主地定格在王剑虹身上，王剑虹也为瞿秋白的才华所折服，对他渐生好感。

由于王剑虹自尊心极强，不善表露感情，在丁玲的帮助下，瞿秋白向王剑虹敞开心扉，两人互诉衷情，很快走到了一起。

这年冬天，瞿秋白与王剑虹喜结伉俪，新家就安在了施存统夫妇居住的楼上，与丁玲比邻而居。可是谁都没有想到，当他们还沉浸在新婚的甜蜜中时，死神已经向幸福的女人伸出魔掌。

新婚后不久，王剑虹被瞿秋白传染上了肺病，整个人变得瘦弱不堪，咳嗽、咳血。从此，瞿秋白白天忙于党的工作，晚上便整夜守在王剑虹身边，端汤喂药。原以为王剑虹会像他当初一样，病情很快得到控制，却没料到，医生已无力回天。

秋天，望着窗外飘零的落叶，王剑虹永远地闭上了眼睛。就在瞿秋白为亡妻悲痛欲绝之时，另一个女人走进了他的生活，她就是杨之华。

杨之华出生于浙江萧山，比瞿秋白小两岁，与王剑虹同龄，1920 年初到上海《星期评论》社工作，后到上海基督教教会学校任教。1921 年春回乡，在萧山衙前农村小学任教，参加领导了衙前农民运动。

这时，她结识了衙前镇沈定一的儿子沈剑龙，两人很快堕入情网，举行了文明婚礼。婚后不久，沈剑龙与朋友来到上海，杨之华在家乡诞下一女，起名沈晓光。后听说沈剑龙在上海沉溺于烟花柳巷，杨之华愤而为女儿改名独伊，意思是只生你一个。

1923 年冬，杨之华也来到上海，考入上海大学社会系，也正因如此，她与瞿秋白原本平行的人生轨迹出现了交叉。

杨之华学习刻苦，课下积极从事妇女工作，是上大学生会负责人之一，其卓越的才能给瞿秋白留下深刻印象，瞿秋白的才华亦让杨之华为之倾慕。但此时，他们之间并没有什么交往。两人第一次的近距离接触源于一次偶然事件。

当年秋苏联顾问鲍罗廷夫妇到上海，了解上海妇女运动情况，上大团支部派杨之华前往汇报。在鲍罗廷夫妇的住所，杨之华意外地与瞿秋白相遇。原来，瞿秋白正是她和鲍罗廷夫妇之间的翻译。在瞿秋白的帮助下，杨之华顺利完成任务。

此后，由于工作原因，两人接触渐多。王剑虹病逝之后，两人的关系进入到一个新的阶段。很快，杨之华便将瞿秋白带到萧山的家中，家人对文质彬彬的瞿秋白非常满意，但耐于杨之华尚未离婚，杨之华的哥哥便将其丈夫沈剑龙从上海叫回。

没想到，沈剑龙与瞿秋白竟一见如故。沈剑龙对瞿秋白早有耳闻，对其文章佩服得五体投地，如今能得一见，竟是满脸欢喜。于是，瞿秋白、杨之华和沈剑龙平心静气坐在一起“谈判”，他们在杨家谈了两天，后又转至常州瞿秋白家中继续谈，最终得出谈判结果：在上海《民国日报》上同时刊登三条启事：

一、沈剑龙与杨之华离婚启事；

二、瞿秋白与杨之华结婚启事；

三、瞿秋白与沈剑龙结为好友启事。

如此结局，皆大欢喜。1924 年 11 月 7 日，在俄国十月革命纪念日，瞿秋白与

瞿秋白夫妇合影

杨之华结为夫妇。婚礼上，瞿秋白将一枚特制金别针当作爱情信物送予杨之华，上面有他亲手所刻“赠我生命的伴侣”七个字。杨之华的出现，终于让瞿秋白从失去妻子的痛苦中解救出来，使他很快重振精神，全心投入到忙碌的工作当中。

三、理论先锋

1923 年 10 月，共产国际驻中国代表、苏联驻中国国民党代表、国民党政治总顾问鲍罗廷来到广州，帮助改组国民党。鲍罗廷到任后，立刻将精通俄文的瞿秋白调到广州，在此期间，精通俄语又有苏联留学经历的瞿秋白，很快成为鲍罗廷与中共中央的重要联络人。同时，在鲍罗廷与孙中山、廖仲恺等国民党领导人的接触、就国民党改组问题讨论等重要活动中，瞿秋白不仅是俄语翻译，也是鲍罗廷的工作秘书，协助鲍罗廷起草和整理了大量文件。

1925 年 1 月，中国共产党第四次代表大会在上海召开，瞿秋白参与了大会领导工作，担任大会政治决议草案审查小组组长，并在大会上做了长篇发言，对大会代表提出的关于政治决议草案中的一些问题，做出理论性阐释。

这次会议明确提出无产阶级领导权问题，指出发动农民参加革命的重要性。瞿秋白当选中共中央委员，并进入中央领导核心，与陈独秀、蔡和森、张国焘、彭述之组成中央局。但在中央局五名委员中，瞿秋白排在最后，甚至在实际工作中处于彭述之的领导之下。因为彭述之是中央宣传部主任，瞿秋白则具体负责主编中共机关刊物。

从 2 月开始，上海工人运动迅猛发展，杨之华与李立三、邓中夏等人先后领导发动了二月罢工和五卅运动。五卅惨案发生后，中共中央在闸北横浜桥附近一幢旧式楼房里召开紧急会议，瞿秋白前往参会。会上成立了上海总工会，并决定成立行动委员会领导工人运动，同时决定出版《热血日报》，瞿秋白担任主编。6 月 4 日，《热血日报》正式出版。

此时，瞿秋白因遭到租界当局通缉，转入地下活动，隐居于宝山路顺泰里 12 号一间窄小的房间中，隔壁 11 号住着茅盾一家，两家时有往来，情谊匪浅。

热血日报编辑部设在闸北华兴路 56 号一间窄小的客堂中，屋内只有一张桌子和几条长凳，此外只剩下一小块空地。在如此艰苦的条件下，瞿秋白废寝忘食，忙得不亦乐乎。

这一时期，瞿秋白秘密辗转于中央机关、热血日报编辑部和住所之间，紧张而又斗志昂扬。他对杨之华说：

“这样工作比在大学讲台上更有效！报纸宣传工作和打仗一样，必须做到知己知彼，每天都要了解敌友我的动态和思想。”

1926 年 7 月，广东国民革命军誓师北伐，随后以排山倒海之势横扫北洋军阀，中国共产党利用北伐军占领区域发展工农运动，在工人阶级收回汉口、九江英租界后，工会组织普遍建立并得以迅速发展；与此同时，农民运动也从最初的减租减息，很快跨入摧毁地主政权、解决土地问题的新阶段，两湖地区普遍建立了工人农民武装。

而随着工农运动的迅猛发展，湖北地区很快出现“商店歇业，工厂停机，市面萧条”的失控局面。湖南地区乡村农运伊始，即出现“华容民众打死土豪、资兴县部驱逐知事、茶陵拘警所所长游街等”轰动事件。中共党内陈独秀等人认为工农运动出现“过火”行为，应当予以控制。然而，来自共产国际的指示恰恰相反。

1927 年 2 月，共产国际代表罗易来到上海，向中共中央传达共产国际执委会第七次扩大会议决议。当时在沪的三位中央常委陈独秀、彭述之、瞿秋白对该决议产生了不同意见，彭述之明确“反对这些决议，认为决议中关于资产阶级作用的说法尤其错误，因为在中国并没有（决议中所说的）工业资产阶级”；陈独秀则抱怀疑态度，认为“要看看它的效果才能决定”；只有瞿秋白“百分之百地赞成这个决议”。

尽管如此，中共中央政治局最终决定接受这个决议，一切政策及工作计划即依据此决议的方针与战略进行。但在上海的数名共产国际代表却对中央常委的意见分歧颇为不满，认为彭述之的意见正是托洛茨基的观点，一致认为彭述之“不应留在新的中央委员会里”。

受共产国际代表的影响，瞿秋白在很短的时间内便写就了《中国革命中之争论问题》一书，并很快在武汉出版。该书分析了中国社会经济关系和阶级关系，论述了中国革命的性质、任务、前途、动力、领导权、统一战线等问题，提出“一次革命”到底的观点，对彭述之、陈独秀等人进行了批判。

正因为对共产国际执委会第七次扩大会议决议的积极拥护与执行，原本在中央局排名最后的瞿秋白，在3月初中共中央迁往武汉后，被指定主持中央局与共产国际代表联席会议；并在4月上旬讨论中共五大人选时，被共产国际代表团团长罗易明确提出排名第二位，即新一届中央政治局排名为陈独秀、瞿秋白、张国焘等，彭述之被排除在政治局之外。

蒋介石背叛革命后，由于共产国际代表鲍罗廷称湖南农民运动还不够激烈，还宣称：“农民受压迫过久，稳健分子不易起来。是要痞子、流氓做先锋，真正农民才得起来。”

但面对“其势如暴风骤雨，迅猛异常”的工农运动，武汉政府与国民党军队的各级军官却表示了强烈不满与谴责。

在当时的武汉政府统治区，工会权力极大，可以任意抓人，私设公堂，随便中断交通，没收工厂、商户财物等；湖南农运的贫农专政则喊出“有土皆豪，无绅不劣”的口号，不仅对土地所有者及乡绅游街、罚款、私分其田地、家财，而且随意捕杀，甚至出现了截扣军粮，抗捐抗税的行为。

武汉政府控制的两湖及江西三省，财政收入因此锐减2/3以上；而武汉政府赖以与蒋介石对抗的军队最高是湖南唐生智所部，该部官兵多来自湖南本地，农会除分其军官家中土地外，甚至截留士兵寄回家中的钱款，再加上政府欠饷，官兵怨声载道。武汉政府的国民党人自然要将这笔账记到共产党头上。

5月17日，驻防武汉上游宜昌的独立第十四师师长夏斗寅发动兵变，通电联蒋反共，当日进占汀泗桥，19日逼近武昌，最终被叶挺独立团打败。听闻叶挺获胜的消息，瞿秋白大大松了一口气，然而接踵而来的，是湖南爆发的马日事变。

5月21日晚，驻扎长沙的第三十五军第三十三团团长许克祥部在长沙发动事变，查封了工会、农会，解除了工人纠察队、农民自卫军武装，并以湖南省主席唐生智名义通电称：“三湘七泽，已成群魔乱舞之场；城市乡村，尽陷鸡犬不宁之境。”事变发生后，湖南各地纷纷效仿。

与此同时，江西省主席朱培德也以“制止过火的工农运动”，令共产党员全体出境，同时查封全省工会、农会、学生会。

面对急转而下的形势，瞿秋白焦急万分，开始对共产国际的激烈政策表示怀疑。自6月3日瞿秋白成为中央常委后，代表中共中央起草的回复共产国际的电报，无一不反映出他这种怀疑的态度。然而，来自斯大林的训令依旧激烈。

6月初的一天晚上，瞿秋白奉命赶到汉口旧德租界西门子洋行原址鲍罗廷公馆开会，共产国际代表罗易等人已经到场，此次会议奉斯大林之命召开，由鲍罗廷传达共产国际的三点指示：

第一，要求中共不得妨碍土地革命、建立新军、改组国民党中央；

第二，承认工农运动存在“过火”问题，赞成在争取中小地主和中小资产阶级方面采取让步政策，约束过火行为；

第三，也是最重要的，要在不破裂两党关系的情况下，迅速组织自己的军队，改组国民党中央，依靠汪精卫等个别真正的左派国民党人，搞土地革命，使武汉政府革命化。

这就是著名的“五月指示”，对于第一、第三条，不仅陈独秀、谭平山、张国焘、周恩来等人有不同看法，连鲍罗廷也持怀疑态度，瞿秋白则对与会人员表示：“我们要把这里的实际情况说给莫斯科听，促使他们改变意见。”

6月26日，中央政治局与共产国际代表团召开联席会议，陈独秀在会上提出共产党退出国民党的建议，遭到共产国际代表的一致反对。6月30日，瞿秋白起草了主张全面退却的国共两党关系十一条，为维持国共两党合作关系，特地向国民党做出十一条保证。

在此情况下，陈独秀对共产国际已不抱希望，知自己无力挽回时局，于7月5日辞去中共中央总书记职务。而陈独秀的下台，为瞿秋白主持中央工作提供了机遇。

四、短暂的主持中央工作生涯

1927年6月17日，武汉政府正式向鲍罗廷提交了解聘书，鲍罗廷知道国共合作大势已去，但直到7月上旬共产国际决定破裂与武汉政府关系，鲍罗廷才开始安排撤退。

7月13日，瞿秋白陪同鲍罗廷离开武汉，前往江西庐山联络张发奎。当时，共产党军事力量仅有叶挺的一个师和周士第的独立团，他们都属于张发奎的第四军。而鲍罗廷与张发奎私交甚好，他将扭转败局的希望寄托在张发奎身上。

就在鲍罗廷与瞿秋白在庐山密商国共分裂后撤退方案之时，7月15日，武汉汪精卫政府开始了分共、限共。在此情况下，改组中央已经迫在眉睫。返回武汉后，瞿秋白立刻找到张国焘，向他说明鲍罗廷对改组中共中央的的提议：

“鲍罗廷希望我们能够继续领导中央，由你主持实际工作，我主持理论研究。”

张国焘听后双眉紧皱，一言不发。瞿秋白知道张国焘对这个两人平起平坐的提议并不满意，只能装作不在意，继续说：

“这几天在庐山，鲍罗廷和我进行了冷静的探讨，认为中国革命是失败了，责任问题要有交代。中共的一切，虽然事实上是遵照共产国际的指示进行的，但不能让共产国际担负这个失败的责任，因为莫斯科威信的丧失，将会影响世界革命，也会助长托洛茨基派攻击斯大林的气焰，更会使中共党员对共产国际的领导失去信任。为了使共产国际今后能够领导世界革命，中共中央只有挺身出来承担起这个责任。”

“要谁承担，某个人还是集体?”

张国焘对这个问题十分敏感，因为他与蔡和森都不止一次地与共产国际驻中国代表发生冲突，怀疑甚至反对过共产国际的决定，因此担心鲍罗廷会把自己推出来当替罪羊。但瞿秋白说：

“如果这一失败责任由中共中央政治局全体来担负，中央的领导就会破产，损失也太大了。陈独秀在这次失败中，原有重大过失；现在又采取了不正确的消极态度，……我们大家应站在拥护共产国际的立场上，反对陈独秀的右倾机会主义，这样才能稳定中共中央的领导。”

张国焘默认了瞿秋白的提议。

7月23日，新一任共产国际代表29岁的罗明纳兹抵达武汉，按照共产国际的要求开始改组中央。尽管瞿秋白对共产国际的信任也曾动摇，但与其他人相比，他对共产国际的拥护与对其指示的执行是不折不扣的。加上与其他人相比，他对苏联更为了解，又有鲍罗廷的推荐，罗明纳兹首先对瞿秋白产生了好感。

事实上，当时共产国际对中共的改组考虑最多的，并不是谁更能胜任中共中央总书记这一职务，而是谁更能听命于共产国际，以确保共产国际的指示在中共得到不折不扣的贯彻落实。因此，有争议的张国焘便被排除在罗明纳兹内定的中共中央总书记人选之外，被借故派遣去南昌试图阻止南昌暴动。

8 月 7 日，在汉口三教街 41 号，瞿秋白站在房间一头，他推了下鼻梁上的散光眼镜，环视着到场的中央委员、候补中央委员及中央机关、共青团中央、地方代表以及共产国际代表共 21 人，宣布了八七会议的召开。这次会议由他和李维汉共同主持。

由于瞿秋白早先已经对陈独秀进行了系统批判，加上此时共产国际决心铲除中央领导层的所谓“右倾投降主义错误”，这次会议进行得十分顺利。罗明纳兹作为会议的核心人物，在纠正陈独秀“错误路线”上表现得毫不手软，他将自己和共产国际“左”的错误带入中共，同时开辟了中共对犯错误同志进行过火的宗派主义斗争的先例。

会议选出了新的中央政治局，瞿秋白当选政治局委员，并于 8 月 9 日主持召开了中央政治局第一次会议。此次会议选举产生了三名政治局常委：瞿秋白、苏兆征、李维汉。由瞿秋白负总责，担任中共中央临时政治局主席。

瞿秋白得以出任中共中央最高领导人，除得益于共产国际及罗明纳兹的信任与支持外，同时得益于他对陈独秀错误的批判鲜明、犀利，具备较高理论水平。

在八七会议精神的指导下，共产党人决心以“红色恐怖”对抗国民党掀起的“白色恐怖”。这一期间，暴动数量有近百起，其中南昌暴动、秋收暴动为规模较大者，但这些暴动大多以失败告终。

此后，中共中央于 9 月下旬离开武汉，迁往上海。11 月 9 日到 10 日，瞿秋白在上海主持中央临时政治局扩大会议。受罗明纳兹“左”倾思想的影响，瞿秋白没有对各地武装起义失败做具体分析，而是片面认为起义失败是由于起义领导人的“犹豫动摇”，违背中央政策，犯下“机会主义”错误所致。

瞿秋白起草了《中国现状与共产党的任务的决议案》，称中国的革命是“不断革命”，革命形势在继续高涨，因而反对战略性的退却，主张继续进攻，命令在国民党控制区为数不多的党员群众组织毫无胜利可能的地方起义，特别要求“使暴动的城市能成为自发的农民暴动的中心及指导者”。这个决议使“左”倾盲动主义在中央取得了统治地位。

在组织方面，根据罗明纳兹的提议，通过了《政治纪律决议案》，在组织上实行惩办主义政策。比如对张国焘的处分，早在八七会议时，除了正式撤销陈独秀的总书记职务外，张国焘因曾奉行陈独秀的政策也被当作应承担大革命失败责任的领导人，被排除在中央政治局委员之外，改任候补委员。

当初张国焘阻止南昌暴动是奉命而为，暴动失败后他跟随起义军一起行动，于10月中旬返回上海，此次会议则以"假传圣旨"的罪名，开除其政治局候补委员、中央执行委员会委员的资格，指出：

"张国焘受中常会之委托，指导南昌暴动，可是至九江后，即不执行命令，甚至反对暴动。南昌暴动后，主张联络张发奎，反对一切没收土地的政纲，由于他如此违反中央政策的结果，使全体同志受到很大影响，革命委员会亦随之动摇。"

除张国焘外，南昌起义和秋收起义其他领导人同样受到严厉的政治纪律处分。与此同时，瞿秋白在党刊上发表了《中国革命是什么样的革命》、《武装暴动的问题》、《中国革命中的无产阶级的新策略》等文章，宣传"不断革命"的主张。

然而，12月12日，张太雷在广州暴动中被敌人乱枪射击，身中三弹而亡，广州暴动最终失败。张太雷死讯传来，瞿秋白万分悲痛，挥泪写下《悼张太雷同志》：

"如今他是死了！我们的党在白色恐怖之下已经牺牲了不少负责同志：李大钊、陈延年、赵世炎、王荷波……张太雷同志死在几万暴动的广州工农兵群众与反革命军阀搏战之中，死在领导工农兵暴动的时候……他死时，还是希望自己的鲜血，将成为中国苏维埃革命胜利之渊泉。"

广州暴动的失败、张太雷之死，让瞿秋白以及中央领导人开始静心思考，亦开始意识到自身的错误，随即停止两湖地区年关总暴动计划，并取消其他省进攻大城市的暴动策略，采取分区割据，包围城市的战略。

进入1928年之后，各地暴动相继失去后劲，白区党组织和革命力量遭受了巨大损失，许多党员面对白色恐怖产生动摇、消极甚至逃跑、变节，报纸上不时可见中共党员登报宣布脱离共产党的信息，共产党员由六万人迅速缩减到一万人。

1928年4月，共产国际发出决议，决定停止全国暴动的方针，中央政治局随即发出接受共产国际决议的通告，以瞿秋白为代表的"左"倾盲动主义错误在全国范围内的实际工作宣告结束。

对于瞿秋白的错误，李维汉曾较为公正地指出：

"这不是他一个人的责任，也不是他一个人负最高责任，最高责任应在国际代表。况且，当时党还不成熟，秋白还年轻，他主持中央工作期间只有 28 岁，犯错误的时间也只有短短的几个月，而且很快就改正了。他犯错误只是认识问题。我认为秋白是一个正派人，他没有野心，能平等待人，愿听取不同意见，能团结同志，不搞宗派主义，事实上，临时中央政治局是一个五湖四海的班子。他的弱点是在接触实际上有点教条主义。临时中央政治局顺从国际代表，他有一定责任。”

但即便是因顺从共产国际而犯的错误，瞿秋白仍难逃其咎，不得不背上一个盲动主义的罪名，他短暂的主持中央工作生涯也即将走到尽头。

五、无法脱身的政治旋涡

为总结大革命失败的教训，分析当时中国革命形势，制定中国共产党在新时期的政策方针，在共产国际协助下，中国共产党第六次代表大会于 1928 年 6 月 18 日在莫斯科郊区兹维尼果罗德镇附近的一座乡间别墅召开，瞿秋白、张国焘均到会，参会的还有蔡和森、李立三、周恩来、向忠发、邓中夏、苏兆征、王若飞、项英、关向应、汪泽楷等人。

早在 4 月下旬，瞿秋白等人便动身前往莫斯科。会前，很多代表问瞿秋白为什么陈独秀没有到莫斯科来，瞿秋白叹了口气说：“他总认为自己没有错，所以不肯认错，我们多次邀请他，他始终不肯来。”

陈独秀虽不肯来，但他料到这次会议要改正瞿秋白的“左”倾盲动错误，因此建议张国焘参会，陈独秀的建议无疑影响了张国焘，张国焘正想找一个申辩是非明辨冤屈的机会，于是欣然前往。

6 月 12 日，斯大林接见了中共中央领导人，谈了两个问题，一个是中国革命的性质问题，他表示中国革命的性质仍是资产阶级民主革命，不是“不断革命”，亦不是社会主义革命；他还谈到中国革命的形势问题，称如今中国革命并非处于高潮，相反，是处于低潮的。斯大林的观点，为中共六大定了调子。但瞿秋白对这一观点不能接受，他并不认为中国革命处于低潮，他甚至当着斯大林的面辩称：

“革命的客观形势仍是向前去，是向上涨的，走向高潮，简单说高涨这两个字或许引起误会，但真正的意思是不错的。”

同样，在中共六大开幕后，20日瞿秋白在所做政治报告中，仍然坚持自己的观点，称“现在的革命是上升的，而不是低落”，“许多高潮将到的象征已经可见”，我们“必须以准备暴动为总方针”，因为“暴动是夺取群众的方法”。

毫无疑问，瞿秋白的态度招来与会者不同程度的反对，其中，尤以张国焘的反对最为激烈。其实在中共六大开幕前，在共产国际负责人布哈林为了解中共代表思想状况组织的小型“政治谈话会”上，张国焘便率先发言，滔滔不绝连讲三个小时，言辞激烈，矛头直指瞿秋白，指责以他为代表的中央在南昌暴动失败后出尔反尔，抹杀事实，在组织上大搞惩办主义，实行打击政策，令瞿秋白十分难堪。

作为中共盲动主义的负责人，他几乎成为了此次会议的众矢之的。张国焘更是带着个人私愤，几乎不放过任何一次可以责难瞿秋白的机会。瞿秋白虽性格平和宽容，此刻也忍不住为之恼火，对张国焘予以还击。

后来周恩来曾说：“在‘六大’会议上是有‘山头’倾向的，不能完全平心静气地讨论问题，特别是与自己有关的问题，把反对机会主义与盲动主义看成人身攻击。那时机会主义的代表是张国焘，盲动主义的代表是瞿秋白同志，两人争论不休。”

对此，布哈林曾用严厉的口气对张国焘与瞿秋白说：“就是你们这两个大知识分子在吵架，再吵就把工人干部提拔起来代替你们。”

最终，大会批评了陈独秀右倾机会主义错误，亦批评了瞿秋白“左”倾盲动主义错误，瞿秋白虚心接受批评，并多次进行诚恳的自我批评。中共六大通过了瞿秋白起草的《政治决议案》，瞿秋白在其中严肃认真地剖析了自己的错误。

此时，斯大林已经注意到瞿秋白太习惯于理论思辨，书生气十足的他不适合继续做中共的最高决策人，决定由工人领袖向忠发出任中国党的总书记。

由于瞿秋白与共产国际一直保持着良好关系，斯大林与布哈林、米夫等人商议，仍内定瞿秋白为中共中央政治局成员之一。当中共六大产生新的中央委员会之后，布哈林特地向中央委员们做工作说：

“秋白同志有过‘左’倾盲动错误，但这并非他一个人的错误，共产国际代表也有责任，把账算到一个人头上是不对的。一定要把政治路线正确、有政治斗争经验的同志选到政治局去，即使他们犯过这样或那样的错误，像秋白与国焘。秋白是理论家，其政治影响力不可低估。”

毫无疑问，布哈林的态度对选举起到了决定性作用，在总有效票22票的情况下，瞿秋白以16票被选进新一届政治局。而同样犯过错误的陈独秀却没有如此好运，由于他固执己见，坚决不肯到莫斯科认错，被排除在这个他亲手创建的党的领导机构大门之外，连中央候补委员也不曾当选，因此失去了为党工作的一切机会，仅仅暂时保留了党籍。

中共六大期间，代表们并没有直接批判共产国际，但对共产国际代表马林、鲍罗廷、罗易、罗明纳兹等人的批评，引起了共产国际的重视。共产国际因此决定不再向中国派驻代表，而建立中共驻共产国际代表团，通过代表团指导中国革命。

于是，瞿秋白留在了莫斯科，任中共驻共产国际代表团第一任团长。张国焘亦被留下，任副团长。此后，瞿秋白再次开始了两年多的莫斯科生活。出乎意料的是，瞿秋白很快卷入一场政治风波中，这场风波的发源地，正是他的妻子杨之华所在的中山大学。

中山大学，顾名思义，是为了纪念孙中山而建，许多在后来中国革命中占据重要地位的人物，比如邓小平、王明、博古、张闻天、俞秀松、王稼祥、陈昌浩、沈泽民、张琴秋、董亦湘等人，都曾经在这里学习。

当时中国学生干部王明联合校长米夫大搞宗派活动，排斥异己，制造了“江浙同乡会”事件，诬陷俞秀松、董亦湘等人是“反革命”、“反党小组织”，而中山大学支部局未经认真调查，听信王明等人言论，认定“江浙同乡会”这一“反党小组织”的存在，最终致使12名学生被开除党籍、团籍，一大批学生受到牵连。

王明、米夫的行为招致中山大学广大学生的强烈不满，他们将此事反映给中共代表团瞿秋白等人，希望瞿秋白等人能为受诬陷学生洗刷冤屈。为此，瞿秋白亲自前往调查，于1928年8月15日以中共代表团名义给联共（布）中央政治局去信，对原先“江浙同乡会”的结论提出不同意见。

随即，共产国际监委、联共监委和中共代表团组成联合审查委员会对“江浙同乡会”进行重新审理，最终得出不存在“江浙同乡会”的结论，为受诬陷学生平反。

但因为此事，米夫、王明与瞿秋白结仇。时年27岁的米夫年轻气盛，颇负野心，虽才识略显平庸，但因坚决贯彻共产国际决议而获得联共（布）和共产国际的好感，于1928年3月当选共产国际东方部副部长，并成为共产国际在中国问题上的最高决策人。

米夫的升迁为瞿秋白的厄运埋下了伏笔，瞿秋白对此却毫无察觉。1929年初，斯大林发起反“布哈林右派反党联盟”运动，紧接着于4月发动了全国性的“大清党”运动，反对与清除托洛茨基分子和所谓布哈林分子。

王明等人立即在中山大学发动“反右倾路线”斗争，借机污蔑瞿秋白是“布哈林分子”、“右倾机会主义”的庇护者。1930年2月，共产国际撤销了瞿秋白的代表团团长资格。

瞿秋白被撤职后，在当年7月下旬回国，根据共产国际的指示，1930年9月他和周恩来主持召开中共六届三中全会。这次会议是为纠正李立三“左”倾冒险主义错误而召开，此时，共产国际并未将李立三的错误上升为路线错误，而是以策略、组织上的错误对待，瞿秋白遵照共产国际的意思，对李立三的错误进行纠正。会后，瞿秋白实际主持了中共中央的工作。

然而，由于李立三没有很好地处理与共产国际及其东方部的关系，因此造成共产国际对他的反感。在中共六届三中全会之后，共产国际对待李立三的态度发生转变，对他的批判从策略、组织上的错误升级为路线错误，并对瞿秋白主持的中共六届三中全会提出批评，称他犯了“调和主义”错误。为加强莫斯科对中共中央的内部监督和控制，米夫奉命来到中国，改组中共中央政治局。

在米夫的控制下，1931年1月7日，中共六届四中全会在上海召开。会上，王明等人借口“反对立三路线”、“反对调和主义”，将瞿秋白作为残酷斗争无情打击的最高对象，在将瞿秋白、李立三、李维汉三人排除出政治局之后，又撤销了瞿秋白党内外一切职务，只保留了党籍。从此，瞿秋白开始了近三年的“靠边站”的生活。

六、《多余的话》

由于第五次反“围剿”失败，中共中央被迫决定放弃中央苏区，而在撤退几乎所有重要人员的时候，瞿秋白被意外地留了下来。

当时的临时中央负责人以留苏学生博古为代表，王明作为中共驻共产国际代表，已于1931年9月赴莫斯科，王明临行前与共产国际东方部副部长米夫共同指定博古为临时中央总负责。

1934年6月，中央书记处会议决定成立由博古、周恩来和共产国际军事顾问李德三人组成的“三人团”，负责所有撤退中的重大事项的决策。在研究人员撤退时，瞿秋白要求参加，但未获批准。

10月，中央红军开始长征，瞿秋白留在江西，任中共苏区中央分局宣传部长兼中华苏维埃共和国中央办事处教育人民委员。第二天，在医院养伤的陈毅遇到瞿秋白，感到十分诧异。

“你怎么还没走?”不等瞿秋白答话，陈毅便指着自己的马说，“快，骑我的马去追部队，把你那匹瘦马留下。”

“不必了。”瞿秋白平静地说，“组织上决定让我留下。”

“留下?”陈毅问了一句，无可奈何地摇摇头。

在红军大部队转移之后，谁都知道被留下来的人将面临什么样的命运。中央红军长征后，苏区的形势急剧恶化，到1935年初，大部分地区已被国民党军队占领。

此时，瞿秋白的病情加重，中共中央分局决定送他赴上海就医。1935年2月11日，瞿秋白与中共干部何叔衡、邓子恢、项英妻子张亮等20余人乔装成商人及眷属离开瑞金，24日，瞿秋白一行人在到达长汀县濯田区水口镇小迳村牛庄岭附近，由于不熟悉环境，第二天做早饭时一时疏忽，烧饭时冒出炊烟，被当地豪绅地主武装“义勇队”发现。义勇队将情报报告给福建地方保安十四团第二营，保安十四团第二营立即对瞿秋白等人进行围攻。

激战一个多小时后，见突围难以成功，年近六旬的何叔衡不愿拖累战友，纵身跳下了山崖。瞿秋白也实在跑不动了，就对邓子恢说：

“你快带大家走，不要管我，否则谁都逃不出去了。”

“我们不能抛下你不管。”邓子恢说着，上前拉着瞿秋白就走。

“事到如今逃出一个算一个。”瞿秋白挣脱邓子恢，指着树丛说，“你们放心走吧，我一个人藏在这里不会被发现的。”

邓子恢见拗不过瞿秋白，只好冲出包围圈，到山下河边把仅剩的几名战士集中起来，用机枪、手榴弹吸引敌人兵力，边走边打，终于突出长汀，奔向闽西。

瞿秋白躲在树丛里，于当天午后被敌人搜索发现不幸被俘，经同时被俘的曾当过收发员的郑大鹏指认，瞿秋白的真实身份完全暴露。

瞿秋白知道自己已无生还希望，他坦然面对，毫无惧色。在国民党第三十六师军法处阴暗的审讯室里，面对军法处长吴松涛的审讯，瞿秋白微笑着说：

“既然被你们认出来，我也没什么可说的了，过去的呈文、供述，就当作是我的一篇小说罢。”

瞿秋白身份暴露后，蒋介石授意军统特务、中统特务先后前往长汀中学，对瞿秋白进行劝降。第三十六师师长宋希濂曾读过瞿秋白的著作，对瞿秋白甚为仰慕，他一方面改善瞿秋白的狱中生活，一方面不遗余力地劝他投降。但是，从刑讯逼供到软禁厚待，瞿秋白一切不为所动。

三个月过去了，敌人没有从瞿秋白这里捞到任何需要的东西。6 月 2 日，蒋介石下达了“瞿秋白即在闽就地枪决，照相呈验”的密令。

5 月 13 日，瞿秋白写下一份“供词”，介绍了中央苏区在政治、经济、文教等方面取得的成就，热情歌颂中国共产党，严厉谴责国民党。

5 月 17 日到 22 日，瞿秋白写下近两万字的自传性的《多余的话》，全文由代序“何必说”、“历史的误会”、“脆弱的二元人物”、“我和马克思主义”、“盲动主义和立三路线”、“文人”和“告别”七部分组成，他在文中写道：

“一个平心甚至无聊的‘文人’，却要他担负几年的‘政治领袖’的职务。这虽然可笑，却是事实。这期间，一切好事都不是由于他的功劳——实在是由于当时几位负责同志的实际工作，他的空谈不过是表面的点缀，甚至早就埋伏了后来的祸害。这历史的功罪，现在到了最终结算的时候了。你们去算帐罢，……我已经退出了无产阶级的革命先锋队伍，已经停止了政治斗争，放下了武器。假使你们——共产党的同志们——能够早听到我这里写的一切，那我想早就应当开除我的党籍……”

瞿秋白在文中流露出的颓唐、灰暗情绪令后来许多共产党人质疑其真实性，怀疑是被国民党删改过。实际上，此时的瞿秋白对于党内斗争已深感厌倦，他不能指名道姓指责王明、米夫、斯大林，不能指责共产国际与苏联共产党，他不能在敌人面前暴露党内矛盾及斗争，为了维护党的形象，他只能以强烈的“自我谴责”来宣泄自己的感情。

写完《多余的话》，瞿秋白长出一口气，仿佛此生已无遗憾，可以静待死神的降临了。6 月 17 日中午，宋希濂的参谋长向贤矩来看望瞿秋白，随他同来的勤务兵为瞿秋白端上一盘盘香喷喷的食物，瞿秋白顿时明白了向贤矩的来意，主动说：

“看来我的狱中生活要结束了。”

“是啊，明天一切就结束了，也真可惜了，其实你并非只有一条黄泉路……”

“在黄泉路和投敌之间，我选择黄泉路，之前没有变，现在也不会变了。”

“唉，”向贤矩叹了口气，说，“你还有什么事没办，告诉我，我一定竭尽所能做到。”

瞿秋白微笑着摇了摇头。在表面的平静中，瞿秋白在狱中度过了人生中最后一天。

1935 年 6 月 18 日早晨，瞿秋白早早地起床，将洗好的衣服一件件穿上，上身穿黑色中式对襟衫，下身着白布抵膝短裤，脚踩黑线袜、黑布鞋，整理好仪容，瞿秋白泡一杯茶，点一根烟，在热气袅袅和烟雾缭绕中写下（集）唐人诗：

夕阳明灭乱山中，
落叶寒泉听不穷。
已忍伶俜十年事，
心持半偈万缘空。

刚停笔，向贤矩与特务连长廖祥光便进来催促起程。瞿秋白不慌不忙，又奋笔疾书，云：

“眼底烟云过尽时，正我逍遥处……”末尾落款：“秋白绝笔。”

而后，瞿秋白站起身，整理一下衣服，昂着头走出房门，同时对向、廖二人说：

“人生有小休息，有大休息，今后我要大休息了。”

说完，瞿秋白跟随向、廖两人走出囚室，经过礼堂，来到礼堂大门外。此刻宋希濂等三十六师上百人站在礼堂门外，像是在为瞿秋白“送行”。瞿秋白随意地看他们一眼，从他们面前从容走过，像是平常外出一样轻松自在。这些国民党军官看到瞿秋白面对死亡安详自若的神态，无不为之震惊，一个个肃然默立，目送瞿秋白远去。

此时乃 9 时 20 分。

在向贤矩、廖祥光等人的引领下，瞿秋白来到中山公园，信步走到凉亭前，他要按照要求在这里拍照“留念”，摄影师早已等候在此。瞿秋白站在亭前，双腿分叉，双手后背，抬头凝视远方，面带微笑，神态安详，仿佛在拍摄游园照，让人无法与死亡相联系。

“凉亭遗照”拍完后，瞿秋白进入凉亭内，亭内早已摆好一桌酒肴，他背北面南而坐，自斟自饮起来，喝到高兴处，瞿秋白高歌一曲：

“人之公余稍憩，为小快乐；夜间安眠，为大快乐；与世长辞，为真快乐也!”

吃罢、喝罢、唱罢，瞿秋白站起身，按照要求走出中山公园，漫步走向两华里外的刑场。途中，他手挟香烟，边吸边走，一副饭后山野散步的样子。随后，他用纯熟的英语唱起了《国际歌》。

到达两华里外的罗汉岭刑场后，瞿秋白走到蛇王宫养济院右侧的一片草坪上，席地而坐，双腿盘起，微笑着对行刑的士兵说：“此地很好，开始吧，从正面来。”

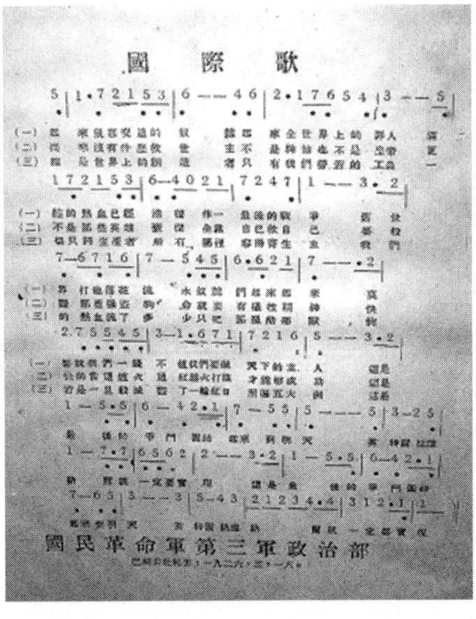

瞿秋白翻译的《国际歌》歌词

哨声起，枪声响，瞿秋白正面饮弹，血洒刑场，从容就义。

当天下午，当地群众将瞿秋白的遗体安葬在罗汉岭下的盘龙岗上。

这一年，瞿秋白 36 岁。

“不堪重负的党中央总负责”——博古

因追随王明，博古以24岁之龄主政中央；又因执行王明“左”倾教条主义路线，给革命事业造成巨大损失；他交权后毫无怨言，并坚决抵制了张国焘的分裂与王明的右倾错误。当博古以加倍的努力弥补过去错误的时候，一场意外的空难却夺去了他年轻的生命。

博古档案：

姓名字号： 博古，原名秦邦宪，字则民

籍　　贯： 江苏省无锡县

生卒年月： 1907 年 6 月 24 日—1946 年 4 月 8 日　卒年 39 岁

毕业院校： 莫斯科中山大学

最高职务： 中央书记处书记

博古简历：

1907 年——6 月 24 日，出生于江苏无锡县中耆英里的书香世家。

1921 年——考入苏州江苏省立第二工业学校。

1925 年——考入上海大学社会系，同年加入中国共产党，任国民党上海市党部宣传干事。

1926 年——入莫斯科中山大学。

1930 年——回国，任全国总工会宣传部干事。

1931 年——任共青团中央书记；同年进入中共临时中央政治局，负总责。

1933 年——迁往中央苏区，苏区的中央局和临时中央政治局合并成“中共中央局”，当选为中共中央局书记。

1934 年——中共六届五中全会上，当选为中央政治局委员，中央书记处书记。同年，中共中央成立最高“三人团”，负责政治。

1935 年——遵义会议后，任中共中央政治局委员、中央书记处书记。

1937 年——任中共中央组织部部长；全面抗战爆发后，任中共驻南京代表。

1938 年——任国民参政会第一届参政员；同年任八路军驻重庆办事处主任。

1941 年——负责创办《解放日报》和新华通讯社，任解放日报社社长、中共中央党报委员会主任、新华通讯社社长。

1945 年——当选中共七大中央委员。

1946 年——作为中共代表出席政治协商会议，参加宪法草案审议小组工作。4 月 8 日因飞机失事牺牲，卒年 39 岁。

一、“中共中央的小伙子”

1931年1月7日，中共召开了历史上著名的中共六届四中全会。

在这次会议上，留苏归来不到两年、身份仅为中宣部普通秘书的王明在米夫的支持下一步登天，当选中央委员、中央政治局委员，一跃进入党的领导核心。

而另一位留苏学生的命运也由此改变，这个人就是博古。

博古本名秦邦宪，于1926年11月赴莫斯科中山大学学习，按照校方规定，需要起一个俄文名字，秦邦宪取的名字音译为“博古诺夫”，回国后，秦邦宪索性以“博古”为化名，并以此名传世。

博古出生于江苏无锡一个书香世家，9岁时父亲病故，从此家境衰落。艰难的生活令博古在学业上更加勤奋刻苦，他14岁考入苏州省立第二工业学校，开始接触进步刊物。1924年8月，博古加入锡社，成为苏州支部负责人，也就是从这个时候起，17岁的博古开始了职业革命的生涯。

青年博古

1925年7月，博古负责编辑《无锡评论》，9月考入上海大学社会系。在这所有着大批共产党员执教的学校里，博古结识了很多著名共产党人，如邓中夏、瞿秋白、恽代英、张太雷等，在这些共产党人的影响下，博古很快加入了中国共产党。

1926年10月，博古突然遭到淞沪警察厅的逮捕。在敌人面前，他坚守革命秘密，经受住了考验，敌人在查不到任何证据的情况下，只得在第二天将他释放。博古被释放后，听说中共中央要选送一批共产党员去莫斯科中山大学学习，他立即向党组织写了申请书。经过考试考察，博古获得了这次机会。而此次赴苏，他结识了一个足以改变他一生命运的人，这个人就是王明。

王明比博古早一期来到中山大学，因得到时任中山大学副校长米夫的器重，毕业后留校工作，一跃而成为中大秘书，并以米夫的翻译的身份参加支部局的工作，实际控制了中大支部局，成为中山大学的“无冕之王”。在王明周围，曾形成一个被讽为“二十八个半布尔什维克”的宗派组织，博古就是其中一员。在米夫领导下，博古跟随王明在中山大学大搞反托洛茨基派斗争，给中大造成极大混乱。

博古在苏联学习工作了四年，这期间他的马克思列宁主义理论水平有了很大提高，1930年5月，博古回国，在全国总工会宣传部任干事，编辑《劳动报》等工人报纸。

当时，中共中央总书记是向忠发，但李立三是实际负责人。6月11日，中央政治局扩大会议通过了《目前政治任务的决议——新的革命高潮与一省或几省的首先胜利》的决议案，标志着以李立三为代表的“左”倾冒险主义在中共中央占了统治地位。

这时，比博古早一年回国的王明从全国总工会调到中央宣传部工作。7月初，王明将同是中山大学同学的博古、王稼祥、何子述找到一起，商议一起反对《决议》的执行问题。

“李立三正准备召集中央工作人员开政治讨论会，讨论《决议》的执行事宜，我们最好有个态度。”王明首先说明召集大家到一起的目的。

“支持还是反对？”何子述问。

“艾伯特反对他的主张，我们该如何表态呢？”

王明欲擒先纵，特地没有明确说出自己的态度。艾伯特是共产国际设在上海的远东局代表，很显然，他的意见代表着共产国际的意见。博古历来善于思考，长于雄辩，他随即发表个人看法说：

“我认为艾伯特提出反对意见自有他的道理。”

博古说完，又将自己回国后对中国形势的认识和未来形势的估计娓娓道来，亦流露出对李立三和向忠发的不满。博古的态度正符合王明的心意，随后，王稼祥、何子述也同意博古的建议。

于是，在7月9日召开的中央工作人员政治讨论会上，博古首先站起来，对李立三的长篇讲话提出反对意见；接着王稼祥、何子述发言支持博古的观点；王明最后做长篇发言，以马列主义理论为依据，慷慨激昂，指责李立三躲在“左”倾词句的掩饰下，犯了右倾机会主义错误，指责他的长篇报告是“托洛茨基主义、陈独秀主义和布朗基主义的混合物”。

讲理论，李立三与向忠发讲不过这些留苏学生，让他们感到气愤的是，这些留苏学生明显有“小组织倾向”。向忠发当场质问：“你们几个莫斯科回来的，究竟要搞什么名堂?”

尽管在讨论会上几个人大出风头，但没料到，向忠发会采取组织手段对他们予以“制裁”。几天后，博古突然接到向忠发的命令，奉命来到中央秘密机关，王明、王稼祥、何子述也已到场。向忠发也不多说，而是直接宣布对留苏学生“小组织”的解决办法：

“对秦邦宪、王稼祥、何子述给予党内严重警告处分，对陈绍禹给予留党察看六个月处分。从即日起，四人同时调离中央机关，秦邦宪到上海工联帮助编辑小报；何子述去天津，王稼祥调香港，陈绍禹调江苏省委另行安排。”

这个处分令四人同时目瞪口呆，他们万万没有想到，给组织提意见竟会受到如此严厉的处罚。最为沮丧的是博古，这是他平生第一次受到处分，而他回国工作刚刚两个月！这个处分让他感到沉重的压力，对李立三与向忠发的家长作风也更加反感。

四人被拆散了，只有博古与王明留在了上海，此后虽往来依旧，但因害怕被开除党籍，两人再也不敢提反对意见，而是开始积极宣传李立三的主张。

然而，6月11日通过的《目前政治任务的决议》确实过高估计了革命形势，在随后发动的各地大暴动、大罢工，以及红军向中心城市大举进攻中，并没有出现李立三预计的乐观局面，事实恰恰相反，在敌强我弱、悬殊极大的情况下，暴动与罢工纷纷失败，红军兵力损失严重，各地党组织遭到严重破坏，革命力量被大大削弱。

9月，从莫斯科归来的瞿秋白与周恩来，根据共产国际的指示，在上海主持召开了中共六届三中全会，停止了“立三路线”。此时“立三路线”的错误性质被定为政策、组织上的错误。

然而，10月下旬，在莫斯科的沈泽民、何克全、陈昌浩、李竹声回国，他们向王明转达了米夫的旨意，即李立三的错误是政治路线问题。

王明立即将这个“喜讯”告知博古，两人立刻决定再次对中央发起进攻。11月13日，王明、博古联名给中共中央写信，尖锐批评“立三路线”“是反马克思主义的，反列宁主义的，是右倾机会主义和‘左’倾机会主义的混合物”。此后不久，两人又联名写出第二封信，要求中央承认他们是反“立三路线”的正确路线的代表。

开始时，中央并不知道共产国际对李立三的错误已升级为路线错误，瞿秋白、向忠发等人对王明、博古的行为极为反感。

但很快，中央便收到共产国际的指示，这才明白“立三路线”已被定性为“左”倾机会主义路线。在这种情况下，中央只好承认中共六届三中全会犯了“调合主义”错误。但对王明、博古等人的宗派活动、小组织活动深恶痛绝，因此并没有很快撤销对四人的处分。

而这时，共产国际东方部负责人米夫秘密来华，王明的地位立即发生逆转，博古也跟着大为风光起来。

12月16日，在米夫的安排下，中央政治局发出《关于取消陈绍禹、秦邦宪、王稼祥、何子述四同志处分问题的决议》，正式取消了对他们的处分。博古被撤销处分后，出任共青团中央宣传部部长。

在米夫的运作下，中共六届四中全会迅速召开，王明一跃而当选为中央委员、中央政治局委员，并在会后不久补任中央政治局常委。王明进入了中央领导核心，对于自己的左膀右臂、共患难的挚友博古，自然要大力提携，博古由此出任共青团中央书记。

王明成为中共中央实际掌权人后，实行“左”倾冒险主义政策，过高估计革命形势，在白区也推行“进攻路线”，致使白区党组织和革命力量遭到严重破坏，大批党员群众被捕被杀。

1931年6月22日，中共中央总书记向忠发在英租界被捕，24日被杀。在此白色恐怖之下，王明等人已无法正常开展工作。于是，经共产国际批准，王明于10

月 18 日秘密离沪赴苏，出任中共驻共产国际代表，并参加共产国际的领导工作，“负责中国党的事情”。

王明赴苏前，在共产国际远东局的提议下，在与周恩来商议并经共产国际批准后，决定由博古、陈云、张闻天、康生、卢福坦、李竹声六人组成临时中央政治局。自此，博古在刚刚回国一年，连中央委员都不是的情况下，一跃进入中共中央领导层。

这一年，博古 24 岁，因年纪轻，被同志们称为“中共中央的小伙子”。

二、24 岁的总负责

王明远赴莫斯科后，博古与临时中央的其他同志共同主持中央工作。但由于王明对博古的信任，似乎从他那里发出的代表共产国际的指示只有传达到博古这里，才能保障不折不扣地执行。因此，王明表现出了对博古比对其他临时中央负责人的更加器重。

博古没有让王明失望，以他的精明强干，越来越多地左右和控制了临时中央，王明的“左”倾路线的指示，由博古盲目机械地贯彻执行，随着博古逐步成为临时中央的总负责人，这种教条主义的态度，给中国革命带来的损失也越来越大。

一系列“左”倾冒险的做法，使国统区局势越来越紧张，中共临时中央已经无法在上海立足，1933 年初，在项英、周恩来、张闻天先行离开后，博古和陈云也秘密离开上海，前往江西中央苏区。

由于此时临时中央政治局与苏区中央局对毛泽东持排斥态度，博古到苏区后，为了统一领导，避免政出多门，决定将苏区的中央局和临时中央政治局合并在一起，并为此召开会议。出席会议的除博古外，有临时中央政治局成员张闻天、陈云、刘少奇，苏区中央局委员项英、毛泽东、任弼时、邓发。会议决定成立“中共中央局”，推选博古为中共中央局书记，负总责。

博古考虑到自己一介书生，对军事一窍不通，便向共产国际执委会驻上海远东局要求，将在远东局工作的李德调到中央苏区，担任军事顾问。经远东局向共产国际执委会请示，博古的请求被批准。

李德原名奥托·布劳恩，为了保密起见，特地改用中文名李德。为了照顾李德的生活，临时中央特地为他在瑞金城郊的沙洲坝设置了“外宾公寓”，那是一座单独建造的房子，地点选在一片稻田的中央，因此又称为“独立房子”。

几天后，博古便在李德的“独立房子”里主持召开了军事会议，出席会议的除博古、李德外，还有张闻天、项英、刘伯承等。当时周恩来与朱德在前方，王稼祥受伤住院没有参加此次会议。博古在会上宣布：从此李德直接参加中央军委的工作。

李德作为军事顾问，本来只有建议权，而无决定权，更无指挥权。但由于博古不懂军事，所以李德一到苏区便给了他主管甚至领导军事工作的权力，博古与李德的私人关系也极为密切，两人经常用俄语说说笑笑，有时还一起打扑克或纵马出游。

1933 年 9 月，蒋介石调集约 100 万兵力，对中央苏区发动了第五次“围剿”。

此次“围剿”，蒋介石根据对中共力量和红军惯用的战术，一改前几次“围剿”常犯的急躁冒进错误，确立了持久战与堡垒主义相结合的战略，采用“彻底封锁”的作战方针，即“战略攻势，战术守势”和“步步为营，节节推进，碉堡公路，连绵不断，经济封锁，滴水不漏”，以严密的工事和碉堡层层推进，避免被红军的运动战、游击战牵着鼻子走，避免被红军“诱敌深入”而被围歼。通过缓慢但有效的占领方式，压缩红军作战区域，限制红军活动空间，以达最后歼灭红军的目的。

红军面对构筑绵密碉堡封锁线，稳扎稳打，逐步推进的“围剿”军，经过近两个月浴血苦战，不仅未能御敌于苏区之外，反而遭受很大损失。

正在中央苏区第五次反“围剿”受到挫败之际，福建事变爆发了。11 月 20 日，国民党十九路军将领蔡廷锴、蒋光鼐、陈铭枢同国民党内李济深等一部分反蒋势力发动福建事变，在福建成立了联共抗日反蒋的“中华共和国人民革命政府”。

福建事变的爆发，使国民党军队对中央苏区的包围圈出现了一个缺口，如果红军与十九路军联合起来对付蒋介石，势必为第五次反“围剿”提供胜利保障。也正因为这样，蒋介石迅速改变计划，从“围剿”前线抽调九个师，入闽讨伐十九路军。这就使得“围剿”前线兵力减弱，为红军粉碎第五次“围剿”提供一个绝妙的机会。

但是，博古与李德并没有抓住这个机会，他们忠实地执行共产国际驻上海军事代表团的指示，不仅不与十九路军配合，侧击向延平推进的“讨逆军”，反而将红军主力西调，撤出闽赣边界。在博古“左”倾教条主义的错误指挥下，苏区红军错过了取得反“围剿”胜利的天赐良机。

在蒋介石平息福建事变之后，将入闽蒋军加上被改编的十九路军组成东路军，迅速对中央苏区形成四面合围之势，而苏区红军在李德的指挥下，开始全线转入阵地防御战。

1934年4月，国民党军向广昌大举进攻。广昌是中央根据地的北方大门，敌军企图突破广昌，进入中央苏区中心，与红军主力在此决战。

为了加强对广昌战斗的指挥，李德、博古决定将方面军前方司令部撤回瑞金，在广昌南三官殿设立北路阵地野战司令部，由博古任政委，李德为实际上的总司令，并亲自上前线指挥作战，指挥部队处处设防，广筑碉堡，以集中对集中，堡垒对堡垒，阵地对阵地的作战方式，以阵地防御结合短促突击抵御敌人的进攻。

红三军团彭德怀认为这种作战方式行不通，他再三强调：

“广昌不能固守，我们必须考虑到国民党军队的技术与装备远在我军之上。”

“那只是一个方面。”博古从感情上无法接受放弃广昌，他强调，“我们的野战工事并不比他们的差。”

“是的，我们有坚固的工事，在阵地防御的基础上灵活实施短促突击，可以弥补装备之不足。”李德更不愿听彭德怀的反对意见。

但是彭德怀说：“我们没有飞机大炮，敌军有，再坚固的堡垒也难以抵御飞机大炮的轰炸。如果固守广昌，我的第三军团一万二千人，不出三天，将全部被毁灭，广昌自然也守不住。”

但是，李德与博古听不进彭德怀的意见。从4月10日开始，在博古、李德的集中统一指挥下，红军与国民党军进行了历时18天的广昌保卫战。国民党军七个师又一个炮兵旅，在每天三四十架飞机的配合下，采用“步步为营”的战术进攻，使红军始终处于被动地位。尽管红军给敌人以重大杀伤，但自身伤亡近6000人，占参战兵力的五分之一。

4月27日，国民党军向广昌城发起总攻，红军拼力抵抗，并组织反击，但最终未能成功抵御国民党军的连续攻击。在严酷的事实面前，博古、李德被迫下令撤退。28日，红军撤出广昌。

广昌战败之后，中央书记处成立了由博古、李德、周恩来组成的最高“三人团”，政治、军事大计由博古、李德分别做主，周恩来负责督促军事计划的实行。7月，国民党军从六个方向向中央苏区发起全面进攻，为了全面御敌，李德命令“分兵六路”，“分兵把口”，“全线防御”。由于兵力分散，进攻时兵力不够，难以消灭敌人，防御时易被敌人各个击破，结果六路把口全部被击溃，节节防御变为了节节败退，以致红军死伤惨重。

10月初，中央根据地兴国、宁都、石城相继失守，红军第五次反“围剿”已宣告失败。10月7日，中革军委下令地方部队接替各线防御任务，10月10日，中共中央、中革军委从瑞金出发，率中央红军主力与中央、军委机关和直属部队共8.6万余人，开始了战略大转移。

三、英烈之血满湘江

红军开始战略大转移时，并不知道“转移”之路有多长。由于红军突围的方向是从根据地的西南，沿湘桂边界的五岭山脉前进，试图与贺龙的红二军团、肖克的红六军团在湘西会师，因此内部叫作“西征”。

按照李德的安排，这支8.6万人的庞大队伍携带了很多辎重，将苏区各个机关、银行、工厂所有值钱物品都放在了骡、马、驴的背上。也就是说，队伍里有一大批运载物资的牲畜，驮着兵工厂、造币厂、印刷厂的机器设备，还有几千名挑夫，用几千副担子挑着苏区的各种“坛坛罐罐”。这哪里是行军打仗，简直就是“大搬家”，正如斯诺在《西行漫记》中所说：

“兵工厂拆迁一空，工厂都卸走机器，凡是搬走的值钱东西，都装在骡子和驴子的背上带走，组成了一支奇怪的队伍。”

利用广东军阀陈济棠与蒋介石的矛盾，红军成功突破了三道封锁线，面临的下一道难关，便是贯穿湖南全境的湘江。中央红军要与湘西黔东的红二、红六军团会合，必须渡过湘江。

而此时，蒋介石已洞悉了红军的去向，预料到红军要渡江与红二、六军团会合，随即调集40万大军，于11月22日任命湖南军阀何键为“追剿”军总司令，指挥已入湘的第六路薛岳部、周浑元部共16个师77个团进行“追剿”；令粤军陈济棠部进入粤湘桂边进行截击；令桂军白崇禧部以五个师控制灌阳、兴安、全洲至黄沙河一线，扼要堵截。

而白崇禧因担心中央红军攻取桂林，于24日令其主力由全洲、兴安一线撤出，南下龙虎关、恭城一带，以阻止红军乘机进入广西。如此一来，全洲、兴安一线出现敌兵力空虚地带。博古、李德看准时机，与中革军委于25日研究决定，从全洲、兴安之间抢渡湘江，突破敌第四道封锁线，前出到湘桂边境的西延山区。

应该说，中革军委这个决议抓住了有利时机，倘若整个队伍轻装上阵，迅速渡江，或许会顺利突破第四道封锁线。然而，过多的“坛坛罐罐”造成行军的缓慢，11月27日红军先头部队第二、第四师各一部顺利过江并控制了界首至脚山铺之间地域后，后续部队却因道路狭窄，辎重过多，未及时赶到渡口。

28日，空前惨烈的湘江之战开始了。何键的“追剿军”第一路由全洲向脚山铺地区的红军第二师发起进攻，白崇禧的桂军主力也由龙虎关、恭城一带向兴安、灌阳以北进击。在湘江渡口，几十架敌机轮番轰炸，而何键的“追剿军”第二路在飞机掩护下，向湘江两岸红军阵地发起猛烈进攻，企图围歼红军于湘江两岸。

一时间，炮声隆隆，炸弹在江水中激起冲天水柱，每一声爆炸都会溅起一片鲜血，碧绿的江水被红军战士的鲜血染红，江面上浮满身穿灰色军装的战士的尸体。那些挑来、驼来的机器、行李、各种辎重等，被丢弃在渡口道边，连同倒下去的战士、挑夫和骡马，到处一片狼藉。大火在燃烧，渡口江面混乱不堪，战士们冒着枪林弹雨争相渡江，马嘶人叫、枪声炮声、飞机的轰鸣声响成一片。

这样一副惨景，是博古做梦都不曾想到的。他和李德骑马来到湘江东岸渡口的一个小丘旁，见周恩来已经来到这里，便翻身下马，几人观看着混乱的渡口和江面，焦急不安，而又一时无语。

就在这时，总司令部的孔参谋跑过来，向周恩来报告说：“刘总参谋长说渡口太乱，容易造成不必要的牺牲，是否由渡江指挥部统一规定，按建制整理好队伍，一个单位一个单位地过江？”

“都什么时候了，还讲建制、单位?”博古此时已急得乱了方寸，不等周恩来答话，便对孔参谋说，“冲过去一个算一个，冲过去几个算几个!”

“这样怕不行吧?”周恩来临危不乱，他说：“刘伯承的决定有道理，越是非常时期越是要讲求秩序。”

“平常时期，可以按建制顺利通过，可现在上上下下乱糟糟的，谁还听招呼?”

“乱，是因为我们没有组织好，乱了秩序。整理好秩序，强调纪律，会提高速度，不然要坏事的。”周恩来耐心地解释说。

“好”。博古觉得周恩来说的有理，便将手一挥，对孔参谋说，“你赶快回复刘参谋长，按他的意见办。有不服从的，尽量说服。”

经过整顿秩序，红军渡江加快了速度。在渡江部队与“追剿”军展开生死搏斗

博古与周恩来、叶剑英合影

的时候，在新圩、古岭头、界首、脚山铺、咸水等处，各部红军与数十倍于己的优势之敌展开激烈战斗。在各军团的掩护下，12 月 1 日，中共中央、中革军委和直属机关终于渡过湘江，进到西延山区。

然而，担负掩护任务和殿后任务的红五军团第三十四师、红三军团第十八团，在掩护红军所有部队过江之后，于 12 月 2 日赶到湘江东岸准备过江之时，江岸已被敌军严密封锁，而退路随即被切断。敌人集中所有兵力猛扑过来，他们与十几倍于己的国民党军队展开殊死搏杀，虽给敌人以重大杀伤，但终因寡不敌众，弹尽粮绝，大部分壮烈牺牲。

红三十四师师长陈树湘在战斗中因腹部中弹被俘，在被押往敌军指挥部的途

中，他把手伸进腹部伤口，忍痛绞断肠子，壮烈牺牲。红三十四师最后只剩下97人，在一名团长的带领下躲进深山打游击，后大部死于深山之中。

中央红军终于突破第四道封锁线，但渡江之后，红军已由长征开始时的8.6万余人，锐减到三万余人。红军在通过第一道封锁线时，损失3700多人；通过第二道封锁线时，损失9700多人；通过第三道封锁线时，损失8600多人；而通过第四道封锁线，尤其是湘江一战，红军死亡人数竟有30500多人！

看着溃不成军的红军队伍，望着江面上漂浮的和遍地横卧的红军战士的尸体，渡江后的博古悲痛万分，一种难辞其咎的恐惧感使他举起手枪，指向自己的太阳穴。就在他将要扣动扳机的时候，红一军团政委聂荣臻正朝这个方向走过来，聂荣臻一眼看到博古对准脑袋的手枪，立刻喊道：

"你要干什么？"在博古的惊愕之中，聂荣臻已三步并作两步来到博古面前。聂荣臻毕竟比博古经历的事情要多，他语重心长的对博古说，"越是困难的时候，作为领导人越要冷静，要敢于负责。"

博古看着聂荣臻，慢慢放下举枪的手。

红军渡江之后，粉碎了蒋介石将红军消灭在湘江以东地区的计划，但蒋介石并没有死心，仍企图将红军消灭在湖南、贵州一带。他重新调兵遣将，以五六倍于红军的兵力，在红军北上与红二、红六军团会合的途中，迅速布置好埋伏圈，只等着红军进入埋伏圈，收紧口袋聚而歼之。

12月12日，在湘西南边境的通道县城外一个村庄里，中共中央借用一户农民的厢房召开短暂的"飞行集会"，讨论红军的战略方向问题。这是一次具有转折意义的重要会议。会上，李德仍然坚持与红二、红六军团会合的初衷，他说：

"我们依靠红二军团的根据地，加上贺龙和肖克的部队，就可以在广阔的区域向敌人进攻，并在湘黔川三省交界处的三角地带创建一大片苏区。"

这仍然是战略转移之初的想法，如今国民党军队四面围追堵截，关键是怎样最后突围并甩掉敌人的追击。对此，李德的主张却极为简单，那便是让敌人超过我们，红军躲在敌人后边转向北方。

"如果没有什么好的主意，也只有这样办了。"博古无可奈何地表示，"现在看来，与红二、红六军团会合，可能是最好的方案。"

但问题又回到了原点，怎么突破敌人的重围会合，李德的方案显然不具说服力。在这关系红军命运的生死关头，毛泽东表示，红军北上无疑是自投罗网，钻进蒋介石“请君入瓮”的圈套，只有向敌人防御力量最薄弱的地方进攻，才能摆脱困境。毛泽东根据自己搜集到的敌情，详细分析了敌我双方的现状，认为贵州敌人力量最弱，进军贵州可以争取主动，同时可以使部队得到休整。

对于毛泽东的主张，张闻天首先表示赞同，认为毛泽东的观点是挽救红军命运的可行性方案。平时不大发表意见的王稼祥也随即做出赞同的表态。

在此前，由于以博古为首的临时中央排斥毛泽东的领导，项英等人认为毛泽东在苏区经营已久，有专擅的作风，因此在长征初期，毛泽东的观点未受到中央重视，毛泽东甚至自叹已成为可有可无之人。

但在此次会议上，毛泽东的意见被朱德和周恩来认可，朱德觉得毛泽东的分析有道理，主张谨慎行事。周恩来的观点举足轻重，他最后表态，同意毛泽东的意见。

李德见大家支持毛泽东的建议，气愤地离开了会场。博古的心情十分复杂，惨重的失败使他痛心疾首，血的教训使他清醒了许多，他平心静气地听取大家的意见，从大家的分析中，感到李德死打硬拼的战略太过冒险。如今红军队伍已太过疲惫，进军贵州，才有可能遇到最小的抵抗。

“放弃原计划，照毛泽东同志的提议办。”博古最后表态。

以博古总负责的特殊身份，他这一票起着举足轻重的作用。此次会议为长征战略思想的转变开辟了道路。

根据中革军委的重新部署，12 月 13 日，红军大举进军贵州，1935 年 1 月 3日，红军一举突破乌江天险。1 月 6 日夜，红军炸开了遵义城门，并于次日凌晨占领了这座贵州省第二大城。由此，中国共产党历史上一个重要的转折点即将来临。

四、遵义会议

进入遵义后，博古将周恩来找来商议召开政治局会议，他认为：“现在大家思想比较混乱，有必要统一一下思想，研究一下下一段的战略部署。”

"这样很好。"周恩来表示赞同，他说，"大家要求开会的呼声很高，高级将领中不少人有牢骚，如果大家思想不统一，下一步的工作很难开展。"

于是，两人研究决定，由博古做第五次反"围剿"的总结报告，周恩来做军事方面的报告。

此时，毛泽东与张闻天也在研究开会的事情。张闻天与博古原是莫斯科中山大学的校友，两人关系一直很好，回国后两人同时受到共产国际的重视，同时进入临时中央政治局，在 1934 年 1 月召开的中共六届五中全会上，同时当选为中央政治局常委、中央书记处书记。但从第五次反"围剿"以来，两人开始产生意见分歧。

中共六届五中全会后，张闻天被调到中央政府工作，与苏维埃政府主席毛泽东有了比较多的接触。长征路上，张闻天与毛泽东谈及第五次反"围剿"中军事领导上的问题，感到毛泽东的分析很有道理。

由于张闻天是中央政治局常委，中共最高领导人之一，毛泽东希望他能在政治局会议上做一个有影响力的系统发言，张闻天接受了毛泽东的建议，并为此做了充分的准备。

博古与毛泽东、周恩来等人合影

1935 年 1 月 15 日，中共中央政治局扩大会议在遵义老城子尹路上的一幢两层花园洋房内举行，会议先由博古做总报告。博古在报告中强调客观原因，认为蒋介石几十万大军压境，敌我力量悬殊，第五次反"围剿"的失败是不可避免的。

在随后周恩来所做军事方面的报告中，客观地分析了第五次反"围剿"失败在军事指挥上的问题，认为这次战争的失败既有客观上的各种原因，也有军事指挥上的错误，并承担责任，做了自我批评。

周恩来的报告令博古深感不安，担心周恩来过分强调军事指挥上的主观错误，会降低“三人团”的领导威信。但他完全没有想到，在周恩来发言结束后，仅仅沉默了片刻，毛泽东开始发言，矛头直指博古，对博古的报告提出明确的反对意见。紧接着张闻天站出来，也明确提出发对意见，会场气氛骤然紧张。

更令博古出乎意外的是，张闻天有备而来，他在表示反对意见之后，胸有成竹地从自己口袋里掏出早已准备好的提纲，而这份提纲是他与毛泽东、王稼祥三人经过充分讨论研究后写成的，基本是毛泽东的主导思想。他条理清晰，有理有据，痛批了博古，严厉批评了李德。

而接下来毛泽东的长篇发言，给了博古与李德更加激烈、尖锐的批判，并且提到路线的高度，指出在第五次反“围剿”中，“三人团”犯了军事路线上的错误，这个错误在整个战争中表现为三个阶段：

第一个阶段，犯了进攻中的冒险主义错误；

第二个阶段，犯了防御中的保守主义错误；

第三个阶段，犯了撤退中的逃跑主义错误。

毛泽东的发言，得到了张闻天、王稼祥、聂荣臻、刘伯承、陈云等的赞同与支持，唯一不同意毛、张、王意见的，只有何克全（又名凯丰）。就连一向谦逊的朱德，也在这次会上心情沉痛地指出：

“如果继续这样的领导，我们就不能再跟着走下去了！”

这句话戳在博古心上，令博古感到无比心痛。其实，在广昌战役之后，博古就已感到了不堪重负、力不从心。关乎几万人命运的一副担子，放在一个留学归来没有什么实践经验的二十七八岁青年身上，博古确实感到这副担子太沉重了。但若是让他在一片批评声中下台，对他来说是一件十分痛苦的事。

在当时的氛围下，博古表现出了身为领袖的良好民主作风，耐心、平静地听完各种不同的反对意见。但当他拖着沉重的步子回到家里，坐在桌边的靠背椅上，这才感到了压抑、沮丧和愤怒。毛泽东的批评尖刻是在意料之中的，张闻天把他说得一无是处却令他大感意外，而王稼祥作为他中山大学的老同学，在反对“立三路线”中曾并肩作战的战友，如今站到了他的对立面，则令他无法接受。

对于聂荣臻、刘伯承等人的指责，主要还是因为军事上打了败仗，但那是李德指挥的！李德是共产国际派来的有作战经验的军事专家，当时很多人承认他在军事方面的指挥才能。如今打了败仗，便将这个责任一股脑地全部推到了博古身上，博古为此感到委屈、不公。

然而，战争是残酷的，也是最实际的，打了败仗的指挥员无疑要对战败负责。会议经过三天的讨论，最后做出决议：第五次反“围剿”失败的最高原因，是军事指挥上和战略战术上的错误；而军事上的领导错误应由李德、博古、周恩来三人负责，其中李德和博古应负最高责任。

会议做出决定：毛泽东当选为政治局常委；取消“三人团”，仍由中革军委主席朱德、副主席周恩来为军事指挥者，周恩来是党内委托的对军事指挥下最后决心的负责者。而在中常委的分工中，“以泽东同志为恩来同志在军事指挥上的帮助者”。

遵义会议撤销了博古与李德的最高军事领导权，但博古总负责的职务并没有被撤销。然而，他作为党的总负责人的地位已经动摇，1935 年 2 月 5 日，红军到达了云贵川三省交界处的云南省威信县水田寨花房子村，由于这里地处三省交界处，天亮公鸡打鸣，三个省的人家都可以听到，因此这个村子又叫“鸡鸣三省”。

红军进村住下后，张闻天找到毛泽东说：

“博古在遵义会议中受到大家批判，思想上并没有想通，还有抵触情绪，恐怕再领导下去会有很多困难，大家也会不服气。”

毛泽东对此表示赞同，但考虑到要与周恩来等其他政治局常委交换意见再做决定，于是当天找到周恩来，说明张闻天的意见。周恩来没有提出异议，遵义会议以后，博古的领导工作已明显遇到困难，因此周恩来提议，博古下去以后由毛泽东领导比较合适。毛泽东说，不对，应该让洛甫（张闻天）做一个时期。

毛泽东的考虑是周全的，由于共产国际更信任留苏学生，由张闻天出任最高领导一来对莫斯科好交代，二来可以团结一大批留苏归来的干部。

周恩来同意了毛泽东的提议，来到博古的住所，想先与博古沟通一下。虽然以往周恩来与博古常来常往，但周恩来此次登门，令博古十分敏感，他首先问：

“找我有什么事？”

周恩来一时不知如何作答，因为他担心直接说明来意博古会接受不了，便用眼睛看了一下窗户下边的两只铁皮公文箱。博古既然对周恩来登门极为敏感，见周恩来注意到铁皮公文箱，自然立刻明白了其中含义。尽管这样下去让他觉得很没面子，希望有个机会改正错误，但事已至此他反倒心情坦然了，他说：

“恩来同志，你今天的来意我已经想到了，我知道我不能再领导下去了，他们已经不再听我的了。谁来接替我?”

“决定让洛甫接替。”周恩来回答。

“好，明天让小康把公文箱送过去。”博古干脆地说。“今后有什么事，尽管吩咐我去干。”

政治局候补委员何克全听到消息，劝博古不要交权。博古为了顾全大局，没有听从何克全的劝阻。

随后，政治局五位常委开会重新做了分工，一致同意由张闻天接替博古的职务。2 月 6 日，代表着中共中央总负责权力与身份的两只铁皮公文箱，送到了张闻天的驻地。从此张闻天担任了党中央总负责人，博古仍保留政治局委员、军委委员之职，并在 2 月至 7 月间代理总政治部主任，8 月出任主任之职。

在长征途中，张国焘觊觎中央领导权，曾企图拉拢“遭受过遵义会议贬斥”的博古。1935 年 8 月在毛儿盖召开的政治局会议上，博古明确表示支持毛泽东，批判张国焘的分裂行为。正因为这样，当 10 月初张国焘在卓木碉另立中央时，发表决议宣布：

“撤销毛泽东、周恩来、博古、洛甫的一切职务并开出党籍。”

这足以说明，博古已坚定地站到毛泽东的一边。

五、为赎罪将功补过

10 月 19 日，博古随中央抵达陕甘苏区吴起镇，中央红军长征胜利结束，博古心中的负罪感也有所减轻，他曾内疚地说，在他的领导下，“长征军事计划未在政治局讨论，这是严重的政治错误。长征是搬家，抬轿子，使红军受到很大削弱”，幸亏“长征过程中毛主席起来反对错误领导”，“所以能保存下来进行二万五千里长征”。

长征结束后，博古出任中华苏维埃共和国中央政府西北办事处主席兼中共中央组织部长，在短短一年多的时间里，他为发展陕北经济以及为刘志丹等人的冤假错案平反等，做了大量具体的政府工作和组织工作。

1936 年 12 月 12 日，当日本侵略者加快侵华步伐之时，张学良、杨虎城为逼迫蒋介石抗日，将其扣留在西安，毅然发动西安事变。事变发生当天，张学良便致电中共中央："吾等为中华民族及抗日前途利益计，不顾一切，今已将蒋及重要将领陈诚、朱绍良、蒋鼎文、卫立煌等扣留，迫其释放爱国分子，改组联合政府。兄等有何高见，速复。"稍后，张学良、杨虎城又联名电邀中共中央派人到西安共商大计。

13 日，张闻天、周恩来、博古、朱德、张国焘等人在毛泽东居住的窑洞里召开会议，商议西安事变的解决方案与方式，随后回复张学良："提议立即将东北军主力调集西安、平凉线，十七路军主力调集西安、潼关线。""红军担任钳制胡（宗南）、曾（万钟）、毛（炳文）、关（麟征）、李仙洲各军。""恩来拟来兄处协商大计，如何？盼复。"

四日后，周恩来抵达西安。紧接着，博古和叶剑英也赶赴西安。途中，博古不无忧虑地对叶剑英说："西安事变本身就具有内战的潜在可能，如果处理不当，马上就会演变成大规模的内战。而此时除了蒋介石，谁有能力来领导这场对日战争呢？因此，虽然我也痛恨蒋介石，但我力主和平解决西安事变。"

为了实现国共第二次合作，1937 年 7 月，博古与周恩来、林伯渠以中共代表的身份，先后赴上海、庐山，与国民党要员蒋鼎文、宋子文等就建立抗日民族统一战线的有关事宜，进行了具体磋商，然后在庐山与蒋介石举行了公开谈判。

此后，博古等人与国民党当局进行了一系列谈判，直至 9 月 22 日，国民党中央通讯社正式发表《中国共产党为公布国共合作宣言》（即《共赴国难宣言》），为国共合作的抗日民族统一战线的正式形成，做出了不可磨灭的贡献。

1937 年 8 月 22 日至 25 日，博古出席了在陕北洛川召开的中央政治局扩大会议。这次会议上通过了《抗日救国十大纲领》、《关于目前形势与党的任务的决定》。为加强党对南方各地抗日活动的领导，会议决定成立中共长江沿岸委员会，博古和周恩来、叶剑英、董必武、林伯渠当选委员会委员，周恩来任书记。

就在博古全身心投入工作中时，11 月 29 日，博古当年的"密友"和"上司"王明携妻子与康生等人，乘坐苏联飞机抵达延安。12 月 9 日，中共中央在延安召开政治局会议，博古根据中央指示，自南京赶往延安参加会议。

王明在会上做了题为《如何继续全国抗战与争取抗战胜利呢》的长篇报告，按照共产国际的指示，强调“一切经过统一战线”，“一切服从统一战线”，全国抗日部队要“统一指挥”、“统一编制”。

博古深感王明强调的“今天的中心问题是一切为了抗日，一切经过抗日民族统一战线，一切服从抗日”，与毛泽东在洛川会议后反复强调的“统一战线中的独立自主原则，坚持游击战的方针”有分歧。此时的博古与六年前相比，显然已经成熟很多，虽然王明以共产国际执行委员的身份博取了许多人的信任与赞同，但王明仿佛钦差大臣一般的气势令博古很快明白了王明的意图所在，他不得不选择与王明保持距离。

政治局会议决定由王明、周恩来、博古、叶剑英组成中共中央代表团，负责与国民党的谈判工作；由周恩来、博古、项英、董必武组成中共中央长江局，领导南部党的工作。

12 月 18 日，博古与王明、周恩来、邓颖超、孟庆树等人一同抵达武汉，入住汉口原日租界中街 89 号，这里是八路军驻武汉办事处，中央代表团与长江局机关都秘密设置在 89 号第四层的大石洋行内。

为了工作方便，几天后中共中央代表团与中共中央长江局召开联席会议，决定

1937 年博古(左一)与毛泽东(右一)、朱德(右二)、周恩来(左二)在延安合影

合并为一个组织，对外称中共中央代表团，对内称长江局。由王明任书记，博古任委员，兼任组织部部长。在此间的工作中，博古始终没有与王明有任何亲密的表现，尤其是王明想要在武汉召开中共六届六中全会，让博古更加敬而远之。

1938 年 9 月 29 日，中共中央六届六中全会在延安召开，这次会议结束了王明的右倾错误，撤销了中共中央长江局，在重庆新设中共中央南方局，由周恩来、博古、何克全、吴克坚、叶剑英、董必武任中央南方局常委，周恩来任书记，博古在任组织部长的同时，负责社会部和国际问题研究室。

南方局正式成立后，博古等人陆续到达重庆，开始时住在八路军驻渝办事处所在地机房街，后来机房街的房子在日机轰炸重庆时被炸毁，南方局和八路军办事处便搬到地处重庆郊区的红岩，驻扎在大地主饶国模的庄园里。饶国模虽然是地主，但本人开明进步，他的儿女都参加了共产党，因此很支持共产党的工作。

由于国民党不允许共产党的组织公开活动，所以南方局在领导整个南方白区党的工作中，始终处于秘密状态。红岩办事处的周围设有竹篱笆，当时叫它“竹城”。竹城外边驻扎着国民党宪兵三团的一个连，专门负责对中共的监视。南方局的工作人员都穿军装，戴臂章（十八 G）。为避免发生意外，外出必须两三人以上同行，而且男性穿西装，女性穿旗袍。在敌人的严密监视下，一些统战工作大多在重庆城内曾家岩 50 号的周公馆完成。

这一时期，博古主要忙于党的建设工作，对贯彻中共中央六届六中全会精神，调整、配备和教育干部，整顿、发展壮大党的组织，建立健全党的地下交通，领导地下党贯彻执行隐蔽方针等，做了大量工作，并取得了较大成绩。

博古向来“善于鼓动”，他声音洪亮，演讲时总能很好地调动听众的情绪，使听者随之热血沸腾。尤其博古一笔在手，能著能译，又通晓马列主义理论，是办报的最佳人选，因此毛泽东亲自点名由博古筹办《解放日报》。

1941 年 5 月 16 日，《解放日报》创刊，博古任社长，杨松任总编辑。同时，博古还担任了中共中央党报委员会主任、新华通讯社社长。

六、“秦邦宪死于秦”

全面抗日战争胜利后，国共两党经过和平谈判，于 1945 年 10 月 10 日正式签署了《政府与中共代表会谈纪要》，即双十协定。并根据双十协定，于 1946 年 1 月 10 日在重庆召开了政治协商会议。

1946 年 2 月初，博古受命担任政协宪草审议委员会中共委员，到重庆参加宪草审议工作。宪草审议委员会是根据政协会议决议而设立的，其最高职责是根据政协会议拟定的修改原则及汇总整理各方意见，制订《五五宪草》修正案，提供国民大会采纳。宪草审议委员会由各方面推出的各党派代表 25 人组成，其中中共代表有周恩来、董必武、博古、吴玉章、何思敬五人。

博古万万没有想到，这将成为他一生中最后的工作、战斗岗位。在过去的五年中，他在新闻战线工作得得心应手，挥洒自如。从艰苦创业开始，如今解放区的新闻事业已形成一套强有力的战斗机构，他已经成为解放区新闻战线最有权威的指挥官之一，但是，历史又将他推向新的岗位，他依旧无条件服从。

2 月 13 日，博古与董必武等人飞抵重庆。在见到参加政协会议的陆定一时，这位老战友笑着对他说：“政协会议开完了，现在看你的戏了，看你们起草宪草了。”

毫无疑问，尽管政协会议已经做出决议，宪草的起草工作并不会一帆风顺。蒋介石为了维护其独裁统治，绝不会轻易接受政协会议所做出的各项决议，一场维护政协决议与反对政协决议的斗争，从政协会议闭幕便已开始，宪草审议工作便成为了这场斗争的重要环节。

事实正是如此，在连续召开的宪草审议委员会会议上，国民党代表用种种借口企图修改政协决议，博古等中共代表为维护政协决议、坚持宪草修改原则，与国民党代表进行了针锋相对的斗争。

由于在一些重大问题上急需向中央报告和请示，4月8日，博古与王若飞由重庆飞往延安。

博古乘坐的是一架美制C47式运输机，由美军飞虎队飞行员兰奇上尉等四人负责飞行任务。与博古同机的还有12人，包括王若飞，王若飞的舅舅、贵州省老教育家黄齐生及其孙子黄晓庄，皖南事变中被国民党囚禁、经政治协商会议与国民党交涉被释放的叶挺、叶挺的夫人李秀文、11岁女儿叶扬眉、三岁儿子阿九，出席巴黎世界职工代表大会的解放区职工代表邓发，十八集团军参谋李少华等人。

博古起飞前一日，即4月7日，重庆八路军办事处向延安发电：王若飞、博古、叶挺、邓发同志于4月8日上午，由重庆乘飞机返回延安。

4月8日上午，美制C47式运输机自重庆准时起飞，首先飞往西安加油和休息。途中，天空下起小雨。飞机抵达西安后，博古等人又一次向延安发电，称飞机将准时到达延安。

当天延安上空阴云密布，云雾缭绕。下午2时，天空还下起了蒙蒙细雨。直到下午4点，飞机也没有出现，在机场等待的人们纷纷离去，毛泽东和朱德心中十分不安，立即指示向西安发电，询问原因。5点，西安回电称：该机未曾返航。

正如西安回电所称，飞机从西安起飞后并没有返航，而是在途中迷了路，西安到延安是一直向北的方向，但飞机却朝着东北方向的晋绥边区飞去，误入了山区。在浓云密布、雨雪交加的天气里，因能见度太差，当飞行员看到面前的大山时，已来不及采取任何行动……

4月8日下午2时左右，博古所乘坐的美制C47式运输机轰然撞毁于黑茶山，全机17人全部罹难。

飞机撞毁的巨响声惊动了黑茶山下村庄里的村民，由于天气不好，村民们没有立即上山查看。9日上午，有村民上山打柴，发现了撞毁坠落的飞机。上前查看，发现了遇难人员的尸体以及遗物，立即到区委报告。区委立即组织人员赶赴现场，从未烧毁的遗物中，搜索到博古和黄齐生的印章以及一些文件、报纸。尤其重要的是，在飞机残骸中发现了一张名单，上面有王若飞、博古、邓发等13人的名字，这些人身份非同一般，区委立即派人将此事报告给中共晋绥分局。

晋绥分局得到消息，一面报告中共中央，一面派公安局长周怀瑾带领警卫连一个班的战士赶赴黑茶山。11日拂晓，周怀瑾带领战士们到达黑茶山下，在当地村干部的带领下，当天中午到达飞机失事现场。

飞机的残骸斜躺在距离山顶约四里远的山坡上，机头朝上，螺旋桨已经摔断，周围布满飞机机体的碎片。飞机残骸四周的树木都已经被烧光，到处散落着燃烧过的木炭，空气中弥漫着强烈的汽油味。在距飞机残骸约 20 米的地方，有一块突出的巨石，上面覆盖着树木燃烧后的黑灰。

战士们在飞机四周找到烈士遗体，只有脸部依稀可见。战士们和村干部将烈士遗体抬到山下，停放在村里的打麦场上。在现场，战士们还收集了未烧毁的文件材料，以及之前村民发现的博古和黄齐生的印章，两枚被烈火烧坏的圆形证章，上面蓝底白字写着“中国共产党代表团”。

当天，晋绥军区政治部派来锄奸部的科长裴周玉调查飞机失事原因，经过大家分析，最终排除了人为原因，认为是一起由气候引发的意外事故。由于当天气候恶劣，能见度极差，飞机迷航飞越黑茶山时，撞山爆炸起火而坠毁。

当晚 10 点，中共中央得到飞机失事的报告，并将此消息告知烈士家属。博古的妻子张越霞虽然早已猜测博古可能遇难，但当她得到确切消息后，仍然无法接受这个现实，失声痛哭，几欲昏厥。

12 日，《解放日报》刊登了博古等人遇难的消息，沉痛宣布：中共中央委员王若飞、秦邦宪、中共中央职工委员会书记邓发、新四军军长叶挺等同志，在本月八日乘美机由重庆飞延安途中，因飞机迷失道路，于下午二时左右在晋西北兴县东南八十里黑茶山遇雾，撞山焚毁，当即全部遇难。

4 月 19 日，延安各界举行隆重公祭大会，会场正中悬挂着“四八”烈士们的遗像，会场四周挂满孝幛和挽联，花圈正中悬挂着毛泽东的挽词。横梁上挂着中共中央书记处所题送的大匾，上面写着“变悲痛为力量”。前来参加公祭大会的各机关、工厂、学校的干部、群众、工人、学生及各界的人士、周围数十里的群众，共有三万多人。

同一天，在陪都重庆，由孙科、张澜、吴铁城、邵力子等 119 人发起 3000 人参加的追悼王秦叶邓黄诸先生大会在中华路青年馆举行，由民主同盟会主席张澜做主祭，郭沫若宣读祭文：

秦公博古，南方之强，
守正不阿，寡默深藏，
为民请命，锐不可当，

言室满室，言堂满堂。

……

随着颤抖的朗读声，郭沫若双颊淌满了热泪。

周恩来在大会中报告遇难烈士的生平事迹，他声音低沉地说：

“邦宪同志来渝从事宪草起草工作，为民主宪法的产生而努力，此次因宪草问题回延安报告，竟以身殉。……他们为了和平民主团结的事业走到最后一口气，流了最后一滴血，以致粉身碎骨。……我们要把悲痛的心收起来，化成团结的力量，冲破黑暗，迎接光明。”

七、博古的婚姻之路

博古的命运中充满了很多偶然：偶然得知中山大学招生，得以赴苏留学；偶然结识王明，成为无话不谈的挚友；而在王明进入中央领导核心后，他这个刚刚回国工作一年的毛头小伙子，偶然得以进入临时中央担当大任。而他与妻子刘群先的相遇相识，更是充满了偶然。

博古夫妇合影

这段偶然成就的美好姻缘，发生在莫斯科中山大学。1927 年底，中国派代表团到莫斯科参加世界劳工大会，由于代表们大都不会俄语、英语，便请来中山大学几位俄语水平较高的中国学生到大会担任翻译，博古作为其中的佼佼者，自然在参会之列。在这次大会上，一位与众不同的中国姑娘引起了他的注意。

姑娘叫刘群先，说她与众不同，倒不是因为她有倾国倾城之貌，而是因为她特有的气质：朴实、干练、亲切、柔和，谈吐大方，美国著名记者和作家斯诺的前夫人尼姆·威尔斯在《续西行漫记》一书中的《无产阶级的领导人刘群先》中描述她：“身材短小结实，样子很精干”，“说话的声调不高，悦耳动听，往往闪动睫毛，睁大了眼睛，带着几分稚气望着你。”

加上她原本容貌靓丽，虽个头不高，却秀美端庄，皮肤光滑有光泽，头发黑亮，很快在工人代表中脱颖而出，吸引了博古的目光。令博古感到兴奋的是，刘群先与他一样，也是来自中国无锡。

“你好！”博古首先与刘群先打招呼，“在异国他乡听到无锡乡音，真是太令人兴奋了。”

“你也是无锡人？”

“是的，我在中山大学读书。”

“我出身纺织工人，10 月份刚到东方大学学习的。”

博古知道，能参加这种盛会的工人代表，一般都是工运领导，对刘群先不由得肃然起敬。

刘群先出生于无锡一个贫困的工人家庭，出生 18 天的时候父亲去世，母亲患有严重哮喘病，一家人生活十分艰辛。刘群先九岁时便和姐姐一起编结发网出卖，春天则到山上拾蚕，待结茧出卖，一家人拼命赚钱，才得以维持生计。刘群先 11 岁时，母亲为了给哥哥成家，将刘群先卖给美孚火油公司一个技师的继子当童养媳。从此，刘群先开始了每天早上向技师夫妇叩头请安、伺候技师全家人的苦难日子。

长期的食不果腹和过度劳累，影响了刘群先的成长发育，她个头矮小，身体日益消瘦，母亲最终将她接回家中。但母亲很快离世，刘群先面临的仍然是三餐不继的生活。她与哥哥四处借债，才凑够 20 元钱将母亲安葬。但这 20 元的债务兄妹俩怎么也无法偿还，每逢年关债主上门，都要遭受一顿辱骂。

为了维持生计，1924 年起，刘群先先后在无锡庆丰纺织厂、申新三厂、德兴丝厂做工。小时候的经历，使她比同龄人早熟，同时她为人耿直，喜欢打抱不平，敢为工人争权益，深受工友们的喜爱与尊敬。

1926 年 5 月，刘群先积极参加无锡丝厂女工总同盟罢工，并在这一年加入中国共产党。1927 年 3 月北伐军抵达无锡后，刘群先出任无锡总工会女工部部长，负责丝厂工会工作。6 月又被调到上海工作，并在不久后出席了在武汉召开的全国第四次劳动大会。10 月，刘群先赴莫斯科东方大学学习，并作为工人代表，参加了这次世界劳工大会。

“我没有实际工作经验，以后多向你学习。”得知了刘群先的经历，博古真诚地说。

“你理论水平比我高，我应该向你学习。”刘群先的话同样发自肺腑。

两个同龄人很快热络起来，两个志同道合的革命同志很快走到一起，1928 年 5 月，两人在莫斯科结婚。不久，刘群先生下一个男孩，取名秦钢。

1930 年 5 月，刘群先与博古一同回国，先在上海担任中华全国总工会女工部部长，后来赴江西中央苏区工作并当选中华苏维埃中央执行委员。

但就在长征之前，刘群先被国民党飞机投下的炸弹弹片击中头部，导致流产，身体未康复便参加了长征，并担任红一方面军妇女队队长、干部休养连工作组长，行军中吃住在休养连里，身体一直没有得到很好的恢复。长征途中又再次染病，致使身体每况愈下。

长征结束后，刘群先出任陕甘宁边区总工会副主任兼组织部长。此后，刘群先的病情加重，身体更加虚弱。经组织研究决定，刘群先与李维汉的妻子金维映一同前往莫斯科接受治疗。

刘群先赴苏前已怀有身孕，到莫斯科后生下女儿秦吉玛。然而由于刘群先一直住院治疗，秦吉玛出生后便被送进了保育院。1941 年 6 月苏德战争爆发，德军轰炸莫斯科时刘群先被疏散，此后下落不明，有人猜测，她在德国法西斯的轰炸中牺牲了。

博古与他生命中的第二个女人张越霞相识，是在他 1937 年赴南京工作之后。

张越霞比博古小四岁，出生于浙江浦江一个中农家庭，自浦江县启文女子小学毕业后，张越霞又考入浦江县高小，并参加了杭州市学生联合会筹委会发起的一次游行示威活动，在这次活动中，张越霞发表演讲，展现了她良好的口才，受到广大学生的推崇，但也因为这次“出风头”，张越霞被学校开除了学籍。

1927年2月，张越霞出任浦江县妇女协会负责人，同年10月加入中国共产党。此时正是革命处于低潮之际，在众多党员脱离共产党之时，张越霞毅然选择加入共产党，显示了她对共产党坚定不移的信念。投入革命后，根据党的需要，她回到浦江县开展工作。11月，浦江县党组织负责人朱锡吾找到张越霞，通知她去参加党的会议。从此，张越霞与浦江党组织正式取得联系，正式开始了党的组织生活。

1928年7月，浦江县党支部在钟鼓楼上召开会议，上级党组织派来的张纪恩参加了这次会议。朱锡吾向张纪恩说明了在浦江开展工作的困难，并特地谈到张越霞失业在家的情况，张纪恩决定在上海为张越霞找一份工作。

随后，在张纪恩的介绍下，张越霞来到上海中央秘书处文书科油印处工作。文书科油印处共有四名党员，由张纪恩负责。张越霞负责文印、内部交通、警报等机密工作。她工作热情高，不畏艰险，加上机智聪颖，总是能很好地完成任务，得到张纪恩的认可。两人经常在一起工作，逐渐产生爱情，不久便结为夫妻。

1931年6月22日晚，张越霞与张纪恩在戈登路恒吉里1141号党中央秘书处机关所在地，正准备休息，突然响起一阵猛烈的敲门声。张越霞意识到有情况发生，赶紧将窗台上作为警报信号的洗米篮子打掉。这时候张纪恩前去开门，门一打开，便冲进一群军警，将张纪恩和张越霞等人逮捕，押到英租界巡捕房。后来张越霞才知道，就在这一天，中共中央总书记向忠发被捕叛变，供出了戈登路恒吉里1141号中共中央秘书处机关。

随后，张越霞夫妇被转到国民党侦缉队拘留所，张越霞先后被提审两次，始终坚称自己是一名家庭妇女，刚来到上海，什么都不知道。张越霞在侦缉队被关了半个月后，转到上海龙华警备司令部，在这里，张越霞又经历了两次审讯，审讯中，法官拿出向忠发的照片给他看，问：

“你认不认识这个人。”

“不认识，从没见过这个人。”张越霞看过照片，坚决地摇头说。

由于敌人在张越霞口中得不到有用信息，也没有证据证明她是共产党员，审讯三次后将其释放。可张越霞出狱后才知道，年幼的女儿已死在了巡捕房孤儿院中。

后因种种原因，张越霞与张纪恩脱离夫妻关系。后来，张越霞在从事党的地下交通工作中，于1934年11月23日在法租界再次被捕，并很快被引渡到上海市公安局，又转到南京宪兵司令部看守所。

由于叛徒出卖，张越霞身份暴露，但她仍守口如瓶，不透露有关党的任何信息。1936 年夏末和 1937 年夏，张越霞先后两次被送进南京首都反省院，任凭敌人威逼利诱，始终不为所动。

在第二次国共合作中，根据国共协定，经八路军南京办事处代表熊天荆与反省院交涉，1937 年 9 月，张越霞被释放出狱。获释后，张越霞被安排到八路军驻南京办事处工作。就是在这里，博古与张越霞相识了。

当时博古正在八路军驻南京办事处工作，他早就听说了张越霞在狱中坚贞不屈，心中暗生佩服，见到张越霞本人，朴素、秀丽，更是对她多了几分关注。

此后，从南京到武汉，从武汉到重庆，张越霞一直在博古的领导下，先后任长江局组织部干事和南方局组织部干事。在长期的相处中，两人渐生情愫。后经组织同意，由董必武做证婚人，博古与张越霞于 1940 年秋季结婚，组成了新的家庭，直到 1946 年 4 月 8 日博古不幸罹难逝世。

博古之墓

“不争权的红色教授”——张闻天

张闻天在中共党史中有着举足轻重的地位，他出任党的最高领导人八年中，正是中国共产党由幼稚走向成熟的关键时期，张闻天在其中发挥了不可替代的作用。遵义会议上他是确立毛泽东领导地位的第一人，曾被毛泽东称为“开明君主”、“不争权”；他胸怀宽广几度让贤，只因在庐山会议上讲出了真话，便与彭德怀一起被打成“反党集团”……

张闻天档案：

姓名字号：张闻天，原名应皋，化名洛甫，字闻天

籍　　贯：江苏省南汇县（今上海市浦东新区）

生卒年月：1900 年 8 月 30 日—1976 年 7 月 1 日 卒年 76 岁

毕业院校：莫斯科中山大学、苏联红色教授学院

最高职务：中共中央总负责

张闻天简历：

1900年——8月30日生于江苏省南汇县六团乡张家宅的一个富裕农民家庭。

1919年——参加五四运动，后加入“少年中国学会”。

1920年——赴日本东京自学。

1921年——回国，任上海中华书局“新文化丛书”编辑。

1922年——赴美国旧金山加利福尼亚大学伯克利分校勤工俭学。

1924年——回国，任中华书局编辑，后到四川省立第二女子师范学校任英文教员。

1925年——加入中国共产党，同年赴苏联莫斯科中山大学学习。

1927年——莫斯科中山大学毕业，留校任教。

1928年——入苏联红色教授学院学习，并参与共产国际东方部部分工作。

1931年——回国，任中共中央宣传部部长，主编《红旗》和《斗争》；同年任中共临时中央政治局委员、常委。

1933年——迁往中央苏区，任中共中央局常委兼宣传部部长、党报委员会书记。

1934年——中共六届五中全会当选为中央政治局委员、中央书记处书记、中央党报委员会主任；同年当选中华苏维埃共和国中央执委会人民委员会主席。

1935年——中央政治局常委分工，负总责；后兼任中央宣传部部长。

1938年——兼任马克思列宁学院院长。

1945年——中共七大当选中央政治局委员。

1946年——任中共合江省委书记兼省军区政委。

1948年——任中共中央东北局常委兼组织部部长、东北财政经济委员会副主任。

1949年——任中共辽东省委书记。

1951年——任驻苏联大使。

1954年——回国，任外交部第一副部长。

1956年——当选中共八大中央委员、中央政治局候补委员。

1959年——出席庐山会议，被撤销外交部副部长职务。

1960年——任中国科学院哲学社会科学部经济研究所特约研究员。

1966年——“文化大革命”中开始遭受残酷迫害。

1975年——迁至江苏无锡。

1976年——7月1日因心脏病猝发在无锡去世，卒年76岁。

一、一步登天的洛甫同志

出身于江苏省南汇县富裕农家的张闻天，17 岁考入河海工程专门学校后，便熟练地掌握了英语，开始接触欧美的政治思想与文化思想。

五四运动爆发后，张闻天投身爱国民主运动，不久后他又加入了李大钊等人发起的“少年中国学会”，在《民国日报》、《时事新报》等诸多进步报刊上发表评论、杂感与散文诗篇。

张闻天曾留学日本，也曾赴美勤工俭学；他曾沉醉于文学，发表了多篇外国文艺理论译介文章，翻译了大量当代外国文学名著，并投入新文学创作，也曾入川任教，以三尺讲台为战场，积极宣传新文化，抨击封建势力及军阀统治。但他最终发现：

“要战胜这个社会，必须有联合的力量，单靠个人的文艺活动是做不到的，而共产党是反抗这个社会的真正可靠的力量。”

1925 年 6 月，张闻天加入中国共产党。11 月，张闻天作为莫斯科中山大学首批学生来到莫斯科。

在中山大学，张闻天为自己起了一个俄文名字：伊比·尼古拉耶维奇·伊斯梅洛夫，并长期使用“洛甫”这一化名。

1927 年 9 月，张闻天毕业留校，被分配在列宁主义研究组，先后教授“列宁主义”和“联共党史”，并担任了党内外多种职务。

1928 年 9 月，共产国际东方部与联共（布）中央为了给中国共产党造就高级理论人才，决定选送张闻天、王稼祥、沈泽民、郭绍棠入红色教授学院深造。红色教授学院是苏联最高学府，从这里毕业就成为了名副其实的“红色教授”。此事在留苏学生中影响很大，张闻天等四人被称为“四大教授”，名噪一时。

在红色教授学院读书期间，张闻天同时参加了共产国际东方部的部分工作，曾担任共产国际执委会中国组委员、共产国际执委会中国分部编辑委员会委员，同时任中山大学的兼职教员。

1931 年 1 月的某一天，对于 31 岁的张闻天来说，是一个充满喜悦而又面临痛苦分别的日子。尽管这个值得记住的具体日期已经被历史遗忘，但这一天在张闻天的生命中却有着深远意义：留苏五年，他终于接到通知：立即回国，参加国内斗争。

2 月 17 日，张闻天与杨尚昆结伴回国顺利抵达上海，这一天正好是大年初一，店铺大都关起了门，热闹繁华的大上海一下子停止了喧嚣，张闻天和杨尚昆来到四马路一家旅馆住下来，随后用暗语写了一张纸条，按照事先规定的秘密接头办法，张闻天来到沪西路一个小人书书摊前，借了一本小人书，环视左右，见无人注意到这边，飞快地将早已写好的纸条夹进小人书中，再郑重其事地将小人书交给看摊的人。

纸条上写明了张闻天、杨尚昆所住旅馆和房间号，然而两天过去了，也不见有人来接头，两人在旅馆里待不下去了，决定到外滩散步，说不定会碰到熟人。事情偏有凑巧，当两人走到在大马路口时竟然遇到了陈昌浩。陈昌浩与杨尚昆是同一期中山大学同学，在这里偶然相遇，几人真是太兴奋了。

“老同学，竟然让我们在这里碰到你，真是太幸运了！”杨尚昆高兴地说。

“闻天、尚昆，你们回来了？这真是太好了，和中央联系了吗？”

“联系了，等了两天，还没人来。”张闻天说。

“我这就将你们回来的消息告知中央。”

当晚，共青团中央书记博古来到旅馆，看望张闻天与杨尚昆。博古也是中山大学第二期留学生，当时中共六届四中全会刚刚结束，在共产国际的支持下，王明等人在组织上取得了合法领导权，开始了“左”倾教条主义在中央的统治。因此博古一见到张闻天与杨尚昆便说：

“你们回来的正好，我们党太需要理论干部和斗争干部了！”

在张闻天、杨尚昆与党组织取得联系后，内部交通亦收到藏在小人书里的纸条，派人前来与张闻天接头。随后，组织上分配杨尚昆到全国总工会负责宣传工作，分配张闻天参加中共中央领导机关的工作。很快，中共中央宣传部部长沈泽民被派往鄂豫皖担任中央分局常委，张闻天接替沈泽民任中央宣传部部长。

从 1931 年 3 月 2 日开始，张闻天以中央宣传部部长的身份出席中央政治局会议和常委会，不久又兼任中央党报委员会书记，主编中共中央机关刊物《红旗》和《斗争》。两刊的秘密编辑部设在公共租界，位于上海爱文义路与成都北路路西，是一座新盖的三层花园洋房，乍看像一个富商家庭。张闻天来到这里后，以“思美”、“洛甫”、“平江”、“歌特”等化名，发表了100余篇文章，分析政治局势、揭露帝国主义、抨击国民政府、宣传党的路线方针。

然而，正当张闻天在上海的工作刚刚顺利开展时，中央政治局候补委员、特科负责人顾顺章被捕叛变，给中央机关以及中央领导带来极大威胁。

6月22日，中共中央总书记向忠发在英租界被捕，旋即引渡到上海警备司令部，24日被杀。向忠发被杀后，王明成为了名副其实的中央最高领导人。但在白色恐怖之下，王明等人已无法正常开展工作。于是，经共产国际批准，王明于10月18日与妻子孟庆树及中央特科工作人员吴克坚、卢镜如，乘日本船秘密离沪赴苏，出任中共驻共产国际代表，并参加共产国际的领导工作，“负责中国党的事情”。

王明赴苏前，在共产国际远东局的提议下，在与周恩来商议并经共产国际批准后，决定由博古、陈云、张闻天、康生、卢福坦、李竹声六人组成临时中央政治局。自此，张闻天进入了中共中央领导核心。

时值九一八事变爆发不久，张闻天撰写大量文章揭露日本帝国主义的侵略行径与南京国民政府的不抵抗政策，号召全党发动群众，开展反日反蒋斗争。这一时期，在临时中央和共产国际的领导下，张闻天宣传和执行了“左”倾路线，没有看到民族矛盾正在上升为最高矛盾和中间派别的抗日要求，把中间派别看作最危险的敌人，对其进行揭露、打击，同时批评、打击党内对于“左”倾观点持不同意见的组织和同志。

由于在现实中不断碰壁，引发了张闻天的思考与觉醒，他开始努力摆脱“左”倾路线的束缚。1932年10月27日，临时中央召开政治局会议，张闻天在“目前形势”的报告中，首次将“左”倾问题作为一个突出的、严重的问题提了出来，称：“党内‘左’倾情绪的增长，自北方会议后，的确是值得我们注意的。”在做结论时，张闻天进一步指出：“在革命危机在全国增长中，‘左’倾是容易发生的。”

在临时中央政治局会议上，将临时中央自身工作中“左”的错误作为带有倾向性的问题提出来，这预示着张闻天将与临时中央的“左”倾路线分道扬镳。

二、与博古分道扬镳

1932年冬，在白色恐怖包围之下，临时中央已无法在上海立足，因而决定迁往中央苏区。为了便于领导，博古主持召开了临时中央和苏区中央局的合并会议，成立了新的“中共中央局”，博古任中央局书记，张闻天则当选常委兼宣传部部长、党报委员会书记。

此时，中央革命根据地军民已经粉碎了国民党军三次“围剿”，正面临国民党军的第四次“围剿”。当时的中央领导人极为狂热，竟提出“创造一百万铁的红军”、“借二十万担谷子”等过高过急的任务，并发动了反“罗明路线”斗争。

张闻天初到苏区，对周围情况尚不熟悉，依然在“左”倾错误的阴影下徘徊，不仅发表文章指责“罗明路线”，而且以中央局代表的身份，先后赴福建汀州和江西会昌、寻乌、安远等地，直接领导这些地方开展反“罗明路线”的斗争。

第四次反“围剿”胜利后，中央苏区得到半年时间相对稳定的发展，这时张闻天转向政府工作，对基层实际情况有了较多的接触与了解，逐渐觉察出以往“左”的错误，并注意在以后的工作中克服“左”的影响，对经济、政治、文化宣传、教育，以及党的建设等方面，提出了一系列正确的理论和符合实际的方针、政策。在这一过程中，张闻天与博古不断产生分歧与摩擦，这是赴苏区之前两人都不曾想到的。

张闻天与博古早在1925年暑假便已经相识，那时张闻天到苏州乐益女中任教并在苏州开展地下党工作，曾到苏州高等工业专门学校进行讲演，而博古正是苏州高等工业专门学校学生中的先进人物。在苏高工，两人相识，但没有深入的交谈。

同年10月，张闻天赴莫斯科中山大学学习。次年年底，博古也来到中山大学。在中山大学，张闻天以学识渊博而著称，博古以能言善辩而闻名，在“党务派”与“教务派”之争中，他们都站在“党务派”一边，都是米夫与王明的忠实追随者，亦同是“二十八个半布尔什维克”的成员。

1930年，博古回国，在反对“立三路线”中，他与王明紧密配合，中共六届四中全会之后，王明进入了中央领导核心，博古出任共青团中央书记。因为他们的支持，张闻天回国后很快出任了中共中央宣传部部长。

王明成为中共中央实际掌权人后，实行“左”倾冒险主义政策，致使白区党组织和革命力量遭到严重破坏，大批党员群众被捕被杀。对于王明的“左”倾冒险主义和教条主义，在相当一段时间里，张闻天同博古一样，是坚定不移的执行者。

而在张闻天觉察到“左”倾路线的危险性后，博古仍旧坚定地服从王明和共产国际，两人产生分歧便在所难免。而首次发生冲突，是对“共同抗日三条件”的理解，亦即关于统一战线策略变化的认识，两人大相径庭。

1933年3月，日军占领热河，接着在夺取古北口、喜峰口、界岭口、冷口等关隘后，大举入关，又占领了河北滦河以东的大片地区，直接威胁到了平津地区的安全。面对日本帝国主义的扩大侵略，中共驻共产国际代表团以中华苏维埃临时中央政府、中国工农红军革命军事委员会名义发表宣言，提出在立即停止进攻苏区、保证民众的民主权利、武装民众三个条件下，中国共产党愿与任何武装部队订立共同对日作战协定。

对此，博古从开展下层统一战线和打击中间力量的固定公式出发，认为“共同抗日三条件宣言”只是对群众、对士兵说的，或者至多是对下级军官说的。至于上级军官，他们决不会接受中共的条件，共产党绝不会去同他们谈什么条件，同他们订立什么共同对日作战的协定。总之，“三条件”不过是个宣传口号，是用来揭露国民党反动派的造谣污蔑的。

但张闻天认为：“三条件是宣传的口号，也是行动的号召”，不仅是对广大工农群众和下层士兵讲的，“也是对上层军官说的”。尤其经过淞沪抗战，他对国民党官兵的抗日热情有了新的认识。围绕如何理解“共同抗日三条件宣言”，张闻天与博古进行了激烈争论，但博古最终没有接受张闻天的意见。

随后，在对资本主义经济的认识与政策方面，张闻天与博古有着不同的主张。

1933年4月15日，博古发表《论目前阶段上苏维埃政权的经济政策》第一、二部分，重复了王明的观点，认为目前中国革命不但要“反对封建残余，反对军阀制度，反对帝国主义者，而且同时要进行反对中国民族资产阶级的无情的斗争”。认为中国民族资产阶级也是工农民主专政“无情斗争”的目标，主张对资本主义

“系统限制”。

对此，张闻天在《五一节与〈劳动法〉执行的检阅》、《论苏维埃经济发展的前途》、《苏维埃政权下的阶级斗争》等文章中，提出利用私人资本发展苏维埃经济的观点，主张容许资本主义发展，采取利用、限制、竞争、斗争的政策，与博古的观点大相径庭。

随后，博古在6月25日发表的《论目前阶段上苏维埃政权的经济政策》第三部分中，不点名地批评了张闻天的观点。两人你来我往，矛盾不断升级。

在军事上，张闻天的主张与博古态度也逐步产生分歧。

福建事变爆发之时，正是中央苏区第五次反“围剿”受到挫败之际，福建事变的爆发，使国民党军队对中央苏区的包围圈出现了一个缺口。

如果红军与十九路军联合起来对付蒋介石，势必为第五次反“围剿”提供胜利保障。也正因为这样，蒋介石迅速改变计划，从“围剿”前线抽掉九个师，入闽讨伐十九路军。这就使得“围剿”前线兵力减弱，为红军粉碎第五次“围剿”提供一个绝妙的机会。

但博古等人没有抓住这个机会，他们忠实地执行共产国际驻上海军事代表团的指示，不仅不与十九路军配合，侧击向延平推进的“讨逆军”，反而将红军主力西调，撤出闽赣边界，向赣江方向活动，去攻击永丰地域敌人的堡垒，企图越过赣江，进逼南昌。

张闻天获悉红军西调以后，立刻提出反对意见，主张红军东调援助十九路军。他反复强调，只有在军事上与十九路军直接配合，才有可能粉碎蒋介石的第五次“围剿”。然而，当中革军委最终采纳张闻天的建议时，已经为时过晚，蒋介石的“讨逆军”已经进入福建腹地，“侧击”之机早已丧失，只能变为“尾随”了。1934年1月13日，福建人民政府宣告解体。

张闻天与博古的冲突由暗到明，则是在广昌战役失败之后。

广昌是中央根据地的北大门，坐落在盱江北岸。蒋介石在打败十九路军之后，调集11个师的兵力，自盱江两岸夹江南下，于4月初向广昌大举进攻。面对技术、装备都远在我军之上的敌军，张闻天与毛泽东坚决反对组织广昌战役。博古与李德却决心保卫广昌，与敌人“决战”。他们调集九个师的兵力，采取堡垒对堡垒，集中对集中的阵地战与“短促突击”的战术，决定死守广昌，“拒敌于国门之外”。

自4月10日至28日，红军主力浴血奋战18天，尽管杀伤了大量敌人，但红军也损失惨重，广昌保卫战最终宣告失败，红军于28日撤出广昌。

在5月上旬中革军委举行的一次会议上，张闻天对博古、李德提出严厉批评，他说：“广昌战斗中与敌人死拼是不对的，这是一种拼消耗的打法，使红军主力遭受了不应有的巨大损失。”

博古当即反唇相讥，给张闻天扣上右倾机会主义的帽子，称张闻天这种批评是普列汉诺夫反对1905年俄国工人武装暴动那样的机会主义思想。面对博古的蛮横态度，一向温文尔雅的张闻天忍无可忍，当即予以批驳，他说：

“博古同志说我是普列汉诺夫，是机会主义，这是污蔑！我坚持，广昌战斗同敌人死拼是不对的！”同时，张闻天批评博古不应过于信任李德，“我们中国的事情不能完全依靠李德，自己要有点主心骨！”

两人互不相让，在会上争得面红耳赤，最终不欢而散。至此，张闻天已完全走向博古的对立面。

三、成为中共最高领导人

就在张闻天与博古逐步对立的过程中，张闻天与毛泽东之间逐步建立起信任与合作的关系。

早在五四时期，张闻天便已听说过毛泽东，也阅读过《湘江评论》。1919年12月张闻天加入“少年中国学会”后，毛泽东于次年1月也加入这个青年进步组织，在《少年中国》第1卷第8期上，他们都看到了彼此入会的信息。但毛泽东对这个组织的活动并不热心，张闻天后来又三度出国留学，两人在20世纪20年代素未谋面，只是在随后的《少年中国》中看到对方的行踪和事迹。

张闻天于1931年2月从莫斯科回国后，在上海参加党组织工作，此时便经常听到在中央苏区的毛泽东的消息，那时的苏区中央局以及临时中央政治局对毛泽东是排斥的，受其影响，张闻天对毛泽东的态度也是如此。在1932年10月上旬，中央苏区中央局在宁都会议上做出决定：毛泽东同志回后方负责中央政府工作。

直到1933年初，张闻天来到中央苏区，才真正接触毛泽东，尤其是张闻天分管政府工作后，与毛泽东接触机会增多，对他有了逐步的了解。

在1934年1月召开的中共六届五中全会上，张闻天被补选为中央委员，当选为中央政治局委员、中央书记处（又称中央政治局常委会）书记、中央党报委员会主任。在随后举行的中华苏维埃第二次全国代表大会上，张闻天取代毛泽东，当选中华苏维埃共和国中央执委会人民委员会主席，毛泽东继续当选中华苏维埃共和国中央执行委员会主席。

单从表面上看，张闻天在党内的职位似乎没有什么变化，实际担负的工作似乎也得到一定的重用，但这个实际工作的变动，对身处党内高层矛盾旋涡中的张闻天，是一种巧妙的“排挤”。后来张闻天在延安整风中回顾这段历史时写道：

“派我担任人民委员会工作，对于李德、博古同志说来，是‘一箭双雕’的妙计。一方面可以把我从党中央排挤出去，另一方面又可以把毛泽东同志从苏区中央政府排挤出去。”

尽管如此，张闻天在实际行动中自然会服从中央的决定。从2月开始，他将办公地点和住所，从中共中央所在地观音山迁至下肖区沙洲坝，住在与毛泽东相邻的院子里，办公也同在一处。

在共同的工作中，张闻天对毛泽东有了越来越多的了解，对毛泽东也越发敬重，在一些重要问题上，比如执行“共同抗日三条件宣言”、同十九路军签订协定和支持、援助福建人民政府等策略上，张闻天与毛泽东的观点完全一致。

广昌战役失败后，张闻天与毛泽东都住在云石山上的“云山古寺”中，此时，张闻天因受排挤心中有些怨气，加上前线红军失利的消息不断传来，更是急躁不已。在住处前的黄槲树下，张闻天向毛泽东诉说了心中的不快，两人互敞心扉，坦诚交谈，在很多问题上达成了共识。

也就在这一段时间里，张闻天在《红色中华》上发表社论《一切为了保卫苏维埃!》，从理论上对红军战略大转移做出解释，明确指出中国革命战争是长期战争，不是几年之内可以完全胜利的，并在实际上否定了“左”倾军事路线进攻中的冒险主义、防御中的保守主义、退却中的逃跑主义，提出并阐述了灵活运用各种斗争方式，如退却、缩短战线、转移地区等，以保存有生力量，夺取最后胜利的观点。

张闻天的这篇社论，鼓舞了红军进行长征的士气，为长征的精神准备做出了重要贡献。同时意味着张闻天的思想高度进入一个新的层面，而他提出的关于红军转移的若干战略思想，与毛泽东的观点基本一致。

10 月 10 日，中央红军开始了战略大转移，张闻天与毛泽东、王稼祥一起从瑞金的梅坑出发，突围西征。他们一起行军、一起宿营，吃住在一起，被称作“中央队三人团”。当时毛泽东和王稼祥一病一伤，坐担架行军，张闻天身体没什么问题，基本骑马行军。由于博古、李德等人忙着指挥部队，没有时间顾及他们，给三个人交往、交流、交换意见提供了机会。

12 月 20 日，中共中央负责人所在的军委纵队抵达黄平，张闻天和王稼祥在一片桔林中休息时，自然而然地谈起了红军的前途，王稼祥忧心忡忡地问：

“红军的最终目标在哪里呢?”

“还没有一个确定的目标，”张闻天叹了口气说，“照这样打下去也不是办法，还是要毛泽东同志出来负责才行。毛泽东同志打仗有办法，比我们都有办法。”

此时，张闻天已经开始考虑变换军事领导人的问题。王稼祥将张闻天的想法告诉了彭德怀，又告诉了毛泽东，消息在刘伯承等将领中传开，大家均表示赞成。

正如后来周恩来回忆所说：“从湘桂黔交界处，毛主席、稼祥、洛甫即批评军事路线，一路开会争论。从老山界到黎平，在黎平争论尤其激烈。”

1935 年 1 月 7 日，红军占领遵义城。9 日，张闻天随军委纵队进驻遵义，和毛泽东、王稼祥住在遵义新城古寺巷的一幢两层花园洋房里。那是国民党旅长易少荃的私宅，小楼四周砌有高高的灰砖墙。毛泽东与王稼祥住在楼上，张闻天住在楼下。三人住在一起，为讨论如何开好遵义会议，提供了便利条件。

1 月 15 日到 17 日，政治局委员和军事领导人 20 余人在遵义老城子尹路 80 号召开政治局扩大会议，即遵义会议。

这次会议议题是对第五次反“围剿”和红军长征初期进行总结，博古主持会议并做了报告，周恩来做了副报告。之后，张闻天起身发言，他手举一份提纲，侃侃而谈，细数第五次反“围剿”中和红军长征初期种种错误的军事领导，彻底否定了单纯防御军事路线。

这份提纲，乃“中央队三人团”的集体结晶，其中以毛泽东的观点为主导，但由中央政治局委员、书记处书记、人民委员会主席、在遵义会议参会者中党内地位仅次于博古的张闻天讲出来，其分量不言而喻。

这次会议撤销了李德的军权，但博古仍是党的一把手，周恩来是“最高军事首长”、“军事上下最后决心的负责者”。会议最后决定，选举毛泽东为政治局常委，指定张闻天起草决议，常委分工再次做出调整。此时，中共中央总负责人虽然没有变换，但博古已经无力领导中央工作。

1935 年 1 月 19 日，中央红军自遵义地区北上，向土城方向前进。2 月 5 日晚上，在云贵川三省交界处名叫“鸡鸣三省”的村子里，张闻天对毛泽东说：

“博古在遵义会议中受到大家的批判，思想上并没有想通，还有抵触情绪，恐怕再领导下去会有很多困难，大家也会不服气。”

毛泽东点点头，表示同意，随即说：

“这个事情要与周恩来还有其他政治局常委交换意见，才能做决定。”

当天，毛泽东找到周恩来，说明张闻天的意见。周恩来没有提出异议，遵义会议以后，博古的领导工作已明显遇到困难，因此周恩来提议，博古下去以后还是毛泽东领导比较合适。毛泽东说：

“不对，应该让洛甫做一个时期。”

毛泽东的考虑是很周全的，由于共产国际信任留苏学生，由张闻天出任最高领导一来对莫斯科好交代，二来可以团结一大批留苏归来的干部。

周恩来同意了毛泽东的提议，找到博古沟通。博古很干脆地答应了周恩来的提议，随后将代表着中共中央总负责权力与身份的两只铁皮公文箱，送到了张闻天的驻地。从此张闻天成为中共中央最高领导人，开始了他一生中最辉煌的时期。

四、洛甫的三次婚姻

张闻天去苏联留学之前原是有结发之妻的，那是 1919 年春节回家过年时，家人安排他娶回的。该女子名叫卫月莲，婚后生下张维英、张引娣两个女儿。五四运动后青年学生中流行一种激进行动：脱离家庭，脱离学校，脱离婚姻，张闻天由于不满封建包办婚姻，后来离开了发妻。

张闻天的第二任妻子是苏联红军后勤部办事员安娜·古尔宾斯卡娅，张闻天在中山大学任教时与古尔宾斯卡娅相遇并相爱，1928年秋，两人在中大主楼一楼楼梯旁的一个小房间里安了家，后来又迁居到特维列卡娅大街科津斯基巷1号楼A门71室。不久后，张闻天有了一个漂亮的混血儿长子。

可是投身革命的张闻天总归是要回国的。张闻天也知道，回国，便意味着夫妻分别，父子分离。回国的旅途横跨欧亚两大洲，行程几万里，而且需要秘密越境，行程极其险恶，安娜·古尔宾斯卡娅是不愿意带着刚满周岁的儿子冒此风险的。而且回国后从事地下工作，可以说是在白色恐怖中出生入死，一个异国女子怎会适应这种生活呢？尽管如此，张闻天仍是抱着一线希望，希望妻子能带着儿子与自己同行。

1931年1月，当张闻天将回国的消息告诉妻子后，果然不出所料，古尔宾斯卡娅听了，呆愣半晌，含着泪对张闻天说：

"我料到会有这么一天，但没想到来得这么快。"

"我希望你能跟我去中国，眼下中国的条件可能比较艰苦，但我相信，用不了多久就会好起来的。"

"我想去中国，但不是现在，孩子太小。"古尔宾斯卡娅摇摇头说，"你放心回去吧，我会好好抚养儿子。"

"那好，你就等候中国革命胜利的消息吧。"张闻天无可奈何地说。

告别了妻子、儿子，张闻天与晚于他一年留苏的杨尚昆结伴回国。他们乘坐火车横越西伯利亚，来到靠近海参崴的乌苏里斯克，又乘火车抵达绥芬河边界，在苏联同志的带领下，偷越国境，终于回到祖国的怀抱。

几年后，在红军长征途中，张闻天与他生命中的第三个女人——同样留苏归来的刘英，走到了一起。

刘英原名郑杰，1905年10月出生于湖南省长沙县金井镇一个封建家庭，自幼就与其他女孩有所不同，她喜欢读书，憎恶重男轻女思想，19岁时考入徐特立刚刚创办的长沙女子师范学校。这所学校的教员中很多是共产党员，如周以栗、陈章甫、罗学瓒、廖锡瑞等人，刘英深受共产党人进步思想的影响，于1925年3月加入中国共产党，同年10月，任长沙女子师范学校党支部书记。

五卅运动爆发前后，刘英积极参加爱国学生运动，随后担任了湖南省总工会职工运动委员会干事，协助湖南总工会委员长兼职工委员会书记郭亮工作。1927年5

月马日事变发生后，刘英开始转入地下工作，同年10月出任中共湖南省委候补委员兼妇女部部长，其间曾与省委委员、省农民协会委员长滕代远，省委组织部部长林蔚在长沙近郊组织“灰日暴动”，但因计划泄露而失败。

在湖南省委工作期间，刘英与林蔚相识相恋。林蔚曾赴法国勤工俭学，后又被派往苏联入莫斯科东方大学学习军事，1926年5月回国后，曾先后担任湖南省委代理书记、省委秘书长、省委组织部部长等职。1928年初两人缔结连理，但这只是一段短暂的婚姻。婚后不久，湖南省委派刘英到上海向中共中央汇报工作，没想到这次分别竟成为永诀。分别后，林蔚赴醴陵出任县委书记，不久被国民党人逮捕并杀害。

1929年春，刘英留学苏联，进入莫斯科中山大学，1930年又转入国际无线电学校学习。而此时，已成为名副其实“红色教授”的张闻天，在担任共产国际执委会中国组委员、共产国际执委会中国分部编辑委员会委员的同时，兼任中山大学教员，成为留苏学生中的佼佼者。

在这里，张闻天与刘英相识了。刘英比张闻天小5岁，对这位学识渊博的“红色教授”充满仰慕之情。

1931年初张闻天回国，刘英也在1932年冬回到国内。张闻天作为临时中央政治局领导于1933年1月中旬来到中央苏区，刘英则在1933年6月进入中央苏区，担任少共中央宣传部部长、组织部部长。

由于在莫斯科中山大学的师生关系，张闻天在得知刘英来到苏区后，给她打了一个电话，说：“尤克娜（刘英的俄文名字），今天我们要打你的‘土豪’。”

“打土豪”，其实就是请客。苏区有个不成文的规定，就是刚进入苏区的领导干部，要请客吃饭。原来，为了给新来的干部置备生活必需品，组织会发给他们一笔安置费，这笔费用在购置生活必需品后往往会有结余，于是结余的钱便成了请客的费用。

刘英接到张闻天的电话后，当天傍晚就带着钱来到张闻天的住所，又约上博古、潘汉年及少共中央的年轻干部，大家一路说说笑笑，步行10余里路来到县城，找了一家餐馆，叫了熬豆腐、红烧肉之类的饭菜，高高兴兴地饱餐了一顿。

也就是从这时起，张闻天和刘英的交往多了起来。张闻天对身材娇小的刘英很有好感，时不时就要到少共中央去坐一坐。而活泼的刘英总会向他请教一些问题，张闻天乐在其中。张闻天喜欢打乒乓球，时常叫刘英一起打。刘英有时候也会带着部下胡耀邦等人到张闻天那里“打土豪”，看看张闻天那里有没有好吃的东西，有时真会让她碰到巧克力之类的美食。刘英就会兴高采烈地把巧克力分给大家吃掉，张闻天看着她高兴的样子，心里也是甜滋滋的。

有一天傍晚，刘英又来向张闻天请教问题，在楼下没有见到张闻天的影子，刘英便走上楼来。当时正值盛夏，赣南的蚊子特别多，而张闻天坐在床边写东西，对此浑然不觉。刘英见状非常诧异，便问：

“你怎么不挂蚊帐?”

张闻天正聚精会神地写作，听到刘英的话吓了一跳，放下笔笑呵呵地说：

“我没有老婆嘛。”

“放帐子还要老婆?”刘英嗔怪说，但心里却有了一种异样的感觉……

红军二占遵义后，有天张闻天上街，迎面看到刘英正和邓小平、陆定一一起逛街，高兴地上前和他们打招呼，并邀请刘英到自己的住处聊一聊，刘英点头答应，欣然前往。当时张闻天与毛泽东住在同一幢房子，刘英以为毛泽东也在，到了那所宽敞的平房后，张闻天才告诉刘英，毛泽东到前线去了。

突然两个人单独在一起，刘英感到有些不好意思。张闻天立即动手，煮醪糟给刘英吃，此时正值早春，天气阴冷，一碗热腾腾的醪糟让两个人胃里、心里都暖洋洋的。见刘英吃得高兴，张闻天觉得时机已到，终于鼓起勇气，将心里话说了出来：

“刘英，我们都已经比较了解了，我们的关系是不是可以发展一步呀?”

刘英听后愣了一下，她低下头，过了好一会儿才小声且坚定地说：

“不行，我早有打算，5 年之内不结婚。”

刘英虽然拒绝了张闻天，但爱情的种子早已在她心底播下，离开张闻天的住所，她回忆起与张闻天一起的点点滴滴，蓦然感到，张闻天在自己心中已经占据了重要地位，但她仍旧坚持不能在长征途中恋爱结婚，否则婚后怀孕生孩子，对行军不利。

1935 年 10 月 19 日，中共中央抵达陕甘苏区吴起镇，中央红军长征胜利结束。11 月 7 日，张闻天带领中央机关抵达瓦窑堡。瓦窑堡，顾名思义，这里的房屋建筑为石窑洞、砖瓦窑洞。当时已到初冬，刚刚下过第一场冬雪，但窑洞里冬暖夏凉，没有一丝寒意。中央机关在瓦窑堡驻扎下来之后，张闻天悄悄对刘英说：

“这下子有家了，可以结婚了吧?”

张闻天刘英夫妇延安合影

刘英微笑着点点头。随后，组织分给他们一孔漂亮的窑洞，张闻天和刘英就在这里布置了自己的新家。而他们的“婚礼”，既没有请客，也没有举行任何仪式，两人情投意合，环境许可，两个铺盖卷搬到一起，就算正式结婚了。

五、被贬黜出权力核心

张闻天担任中共中央总负责人后，坚定地支持了毛泽东的军事路线。毛泽东在红军中的领导地位，也由遵义会议后的“军事上的帮助者”，到重占遵义后的“前敌总指挥”，到重新建立的“三人军事小组”，在张闻天的配合与支持下，毛泽东的军事指挥权一步步得到巩固。

红一、四方面军会师后，张闻天又与毛泽东、周恩来等人坚定地站在一起，与张国焘“另立中央”的分裂主义错误进行了严肃斗争，直到 1936 年 6 月，张国焘宣布取消“第二中央”，张闻天为维护党内团结、保证长征的胜利做出了重大贡献。

随着全面抗战的爆发，1937 年 8 月 22 日，洛川会议召开，张闻天做了发言，表示赞同毛泽东报告中阐述的在统一战线中坚持无产阶级领导权，在敌后放手发动独立自主的山地游击战等重要思想，并三次论及“持久战”战略方针。

不久王明自苏联回国，在十二月政治局会议中，批评了洛川会议过分强调独立自主的思想。会上，张闻天承认了过去有某些错误，但明确肯定瓦窑堡会议到洛川会议统一战线方针基本上是正确的。他坚定地站在毛泽东一边，对王明的右倾投降主义路线进行坚决斗争，使之未能造成全局性重大错误，对全党贯彻正确的抗战路线起到了有力的保障。

在中共六届六中全会召开之前，中共驻共产国际代表团负责人王稼祥自苏联回国，在 1938 年 9 月中下旬的中共中央政治局会议上，传达了共产国际执委会总书记季米特洛夫的指示：

“应该承认毛泽东同志是中国革命实际斗争中产生出来的领袖，请告诉王明，不要竞争了！”

此话虽是针对王明说的，但张闻天也确实认为“毛泽东同志是中国革命实际斗争中产生出来的领袖”，正如毛泽东所说，“洛甫这个同志是不争权的”，因此，张闻天在得知共产国际指示后，立即做好了移交权力的准备。

9 月 29 日，中共扩大的六届六中全会在延安桥儿沟召开，张闻天根据共产国际的指示，首先推举毛泽东为中央总书记，陈云等也根据共产国际的指示，提议毛泽东任总书记。但毛泽东认为，目前尚不是提出这个问题的时候，他坚持让张闻天继续担当这一职务，他几次对张闻天说：“洛甫，你是‘明君’，——开明之君，党中央总书记继续由你担任吧。”

张闻天十分清楚，由毛泽东担任总书记是迟早的事。而他历来尊重毛泽东的意见，既然毛泽东认为现在移交还不是时候，他也就没有坚持自己的意见。但是在会后，他开始为毛泽东担任总书记做准备，主动将工作转移给毛泽东，将政治局会议召开地点也转到杨家岭毛泽东的住处。虽然此后一段时间内的会议仍由张闻天主持召开，但一切重大问题全部交由毛泽东定夺。

工作移交后，张闻天的工作由全局转向局部，最高负责党的理论建设、干部教育、文化宣传等。这一期间，他主编《解放》、《共产党人》等刊，并撰写大量论文，阐发、宣传马克思主义理论和中共中央的路线、方针、政策。他撰写的《论青年修养》、《论待人接物问题》、《略谈党与非党员群众的关系》、《提倡朴素与切实的工作作风》等论思想品德修养和党性锻炼的文章，教育了延安和全国各地刚刚走入革命队伍的大批同志。他还亲自指导和组织力量，出版了英、俄、法三种文字《中国通讯》，以开展国际宣传。

虽然这一阶段张闻天将权力移交给了毛泽东，他的工作重点也转移到宣传教育方面，但他在党内负总责的具体工作是逐步移交的，即使最高职责移交后，中央秘书处也一直由他负责，而党内外一些具体问题、若干重要的实际工作，仍然是由他过问和处理的。

因此在中共六届六中全会后的相当一段时间内，对于全党的工作和有全局影响的事情，张闻天一直关注并发挥着作用，他在党内仍然是有威望、有影响的领导人之一。

1941 年 5 月，毛泽东在延安高级干部会议上做《改造我们的学习》的报告，标志着延安整风运动的开始；在 9 月召开的中央政治局扩大会议上，毛泽东把中共六届四中全会至遵义会议前，即 1931 年至 1934 年间党的领导人所犯错误定性为“左”倾路线错误，认为这次错误路线比“立三路线”的“左”倾“形态更完备，统治时间更长久，结果更悲惨。”这是因为他们自称为“国际路线”，穿上马克思主义的外衣，其实是假马克思主义。

听了毛泽东的报告，作为当时的中共中央领导人之一，张闻天深知自己难辞其咎，他在当天的会议上第一个做出检讨，无情地剖析自己，并请求辞职，同时提出

张闻天（二排右一）与康生、毛泽东、王稼祥、朱德、王明（一排左起），陈云、秦邦宪、彭德怀、刘少奇、周恩来（二排左起）合影

“补课”。

此后，他不再担任中央书记处会议召集人和中央宣传部部长的职务。在1942年整风运动全面开始后，张闻天受到了批判，他的政治地位与威望急剧下降，就连他那篇在党内外产生广泛影响的《论待人接物问题》也被说成不讲阶级观点，遵义会议上他支持毛泽东的功绩被抹杀，在“鸡鸣三省”首先提出确立毛泽东领导地位的功绩再也无人提及。

在1942年1月至1943年5月，他因“缺乏实际经验”下农村补课，到陕北神府、绥德、米脂和晋西北的兴县等地几十个村庄近一年半，进行实地调查。

1943年3月，张闻天正在绥德调查的时候，接到中央电报通知，即返回延安，参加3月中旬召开的中央政治局会议。这次会议通过了《关于中央机构调整及精简的决定》，调整后的中央机构和人事安排为：

中央政治局主席：毛泽东

中央书记处书记：毛泽东、刘少奇、任弼时

《决议》指出：中共中央书记处是政治局处理日常工作的办事机关，在政治局方针下“有权处理和决定一切日常性质的问题”，“组织上服从政治局”决定；书记处所讨论的问题“主席有最后决定之权”。

会议之后，张闻天正式离开了中央书记处，从此离开了中共中央核心领导层。抗战胜利后，张闻天主动要求到东北做地方工作。在四年多时间里，他先后出任牡丹江地区中共中央北满分局代表、合江省委书记、中共中央东北局常委兼组织部部长、东北财经委员会副主任、辽东省委书记等职务，将大量心血投入到东北根据地的建设中，为建设东北的大后方做出了卓越的贡献。

新中国成立后，张闻天的工作转入外交战线，1950年1月19日，中共中央任命他为中华人民共和国驻联合国首席代表。然而，由于美国等国家对恢复中国在联合国的合法席位百般阻挠，驻联合国代表团最终未能成行。1951年2月，周恩来征求张闻天的意见，在中央将设置的对外工作指导委员会与驻苏联大使中做出选择，张闻天选择了后者。

对于曾任中共中央总负责、时为中央政治局委员的张闻天来说，出任副部长级的驻苏大使，很多人觉得不可思议；也有人认为，张闻天领导东北地区经济建设成绩卓著，让他出任驻苏大使是大材小用。但他们不知道，这正是张闻天自己出于不争权的选择。凡是有选择机会的时候，他总是越来越远地选择远离毛泽东，赴陕北农村调查是第一次；赴东北做地方工作是第二次；任苏联大使是第三次。

4月15日，张闻天飞抵离开了20年的莫斯科，接替王稼祥，出任中华人民共和国驻苏维埃社会主义共和国联盟特命全权大使，一直到1954年底回国，张闻天在驻苏联大使的职位上工作了四年。回国后，张闻天出任外交部第一副部长，先后协助外长周恩来和陈毅工作，奋斗在新中国外交战线上。

六、庐山上的噩梦

在1956年9月召开的中共八大上，张闻天当选为中央委员和中央政治局候补委员。1958年"大跃进"、人民公社化运动开始后，浮夸风、"共产风"席卷神州大地。作为中共八大的中央委员和政治局候补委员，张闻天对此极为关注，并持有不同看法。

1959年7月2日，中共中央在庐山召开中央政治局扩大会议。张闻天于6月30日启程前往武汉，正巧与彭德怀乘坐同一列火车的同一车厢，抵达武汉后换乘江轮，两人又同时登上庐山。在庐山依山而建的别墅中，张闻天入住河东路177号，又与彭德怀的住所相邻，会前饭后碰到一起，难免有所交流。

当然，张闻天与彭德怀接近的原因并非一路同行和比邻而居，而是由于他们对当前形势有较多相同看法。然而，他们做梦都没有想到，在庐山会议——一个本来宗旨为纠"左"，总结"大跃进"、人民公社化运动的经验教训的会议上，由于他们坚持真理讲真话，竟被打成"反党集团"。

7月2日中央政治局扩大会议开始后，毛泽东号召大家读书，下发了苏联政治经济学读本。张闻天在读过这本书后有了更深的感触，认为"大跃进"、人民公社化运动的许多问题需要总结。他在与彭德怀、周小舟、胡乔木、田家英、吴冷西、李锐等的接触中，谈了自己的看法，并表示要在会上发言。

7月14日，正当张闻天准备给毛泽东写信并在会上发言时，彭德怀给毛泽东写了一封信，陈述了对“大跃进”、人民公社化运动的意见。

7 月 16 日，毛泽东将彭德怀的信加上“彭德怀同志的意见书”的标题，批示：“印发各同志参考”，并在政治局常委会中提出“评论这封信的性质”。会议气氛骤然紧张，会议内容迅速由纠“左”向反右逆转。随着各小组展开讨论，对彭德怀的批评和非难迅速升级，形势越来越险恶，所有人都感到，一场政治风暴即将来临。

然而张闻天在这样严峻的时刻，写下 8000 字发言稿，打算在 7 月 21 日发言中支持彭德怀的观点。7 月 20 日晚上，就在张闻天为第二天发言做准备时，电话铃接二连三地响起来。第一个电话，是毛泽东的秘书田家英打来的，他问：

“闻天，明天你要发言吗?”

“是的，我已经准备好了。”

“有些问题就不要讲了，上面有不同看法。”

不久，了解内情的胡乔木也打来电话：

“闻天同志，少说为妙啊!”

对于同志们的关心，张闻天表示感谢，但却没有接受他们的劝告，因为只有毛泽东才能纠正“大跃进”的错误，否则不可能从根本上解决问题，因此张闻天不顾个人安危，直言“犯上”。

7 月 21 日，在一片屏息凝听中，张闻天在庐山会议华东组做了长达三个小时的讲话，讲话涉及了 13 个问题，深刻剖析了 1958 年“大跃进”的错误，并分析犯错误的根本原因——党内民主作风问题。

7 月 23 日上午，庐山会议临时通知召开全体会议，毛泽东在会上发表讲话。毛泽东在一开始就说：

“你们讲了那么多，允许我讲个把钟头，可不可以？吃了三次安眠药，睡不着。”

“我劝一部分同志，讲话的方向问题要注意，讲话的基本内容要正确。有些人在关键时刻就是动摇的，在历史大风大浪中就是不坚定的，站不稳，扭秧歌。这是资产阶级的动摇性，是右的性质。现在他们这种论调，右派欢迎。”

毛泽东对彭德怀的信进行了逐条驳斥，从反“左”到反右，来了个 180 度的大转弯。整篇讲话犹如千钧雷霆猛劈下来，而其中鲜明的针对性令张闻天惊愕不已，继而困惑不已。会后，他对秘书肖扬说：“这样以后还有谁敢说话?”

随后，张闻天来到“美庐”院外，请求晋见毛泽东，得到的答复是：“主席很忙。”但张闻天很快收到毛泽东的一封信，信中讲到：

“怎么搞的，你陷入那个军事俱乐部去了。真是物以类聚，人以群分。你这次安的是什么主意？那样四面八方，勤劳艰苦，找出那些漆黑一团的材料。真是好宝贝！你是不是跑到大海龙王敖广那里取来的？不然，何其多也！然而一展览，尽是假的。”

“我认为你是旧病复发，你的老而又老的疟疾原虫远未去掉，现在又发寒热症了。”

“你把马克思主义的要言妙道通通忘记了，如是乎跑进了军事俱乐部，真是武文合璧，相得益彰。”

8 月 2 日，庐山会议由政治局扩大会议改为中共八届八中全会，会议通过了《关于以彭德怀同志为首的反党集团的错误的决议》，毛泽东讲话称：反“左”必出右，现在不是不反“左”，而是反右。现在是右倾机会主义向党猖狂进攻的问题。右倾机会主义是“不能改”的。毛泽东点名批评张闻天，并再次提起中共六届四中全会之后的错误路线问题，他说：

“洛甫开始不承认路线错误，七大经过斗争，洛甫承认了路线错误。那场斗争王明没有改，洛甫也没有改，又旧病复发，他还在发疟疾，一有机会就出来了。”

随后，张闻天被称为“彭、黄、张、周反党集团”的“副帅”，在各种形式的批评会上接受批判。

8 月 16 日，中共八届八中全会闭幕。张闻天被戴上了“右倾机会主义”和“彭、黄、张、周反党集团成员”两顶帽子，撤销了外交部副部长的职务，调离了从事八年多的外交岗位，彭德怀等人也被调离原来的工作岗位。

8 月 18 日，张闻天离开庐山。下山之前，他给毛泽东去信，承认错误，信中说：“我这次动了大手术，对我以后的身体健康，定会起良好的影响。我衷心地感谢你和中央其他同志给予我的帮助。我一定要同昨天的那个反动的我，永远决绝。”“我今天下山，希望能在北京，再见到你，并希望你多多指导。”

毛泽东读过这封信后，当即令人印发给所有与会者，已经离开庐山的同志，则用航空发送。但事情并没有因为张闻天的承认错误而结束，庐山会议后，毛泽东又断言：

“庐山出现的这一场斗争，是一场阶级斗争，是过去十年社会主义革命过程中资产阶级和无产阶级两大对抗阶级的生死斗争的继续。”

于是，外事系统对张闻天展开猛烈的批判斗争，并进行专案审查，内容早已完全脱离庐山发言的是非，不仅翻历史老账，而且追查根本不存在的“军事俱乐部”，更是扣上“里通外国”的帽子。这对兢兢业业工作多年不计个人得失的张闻天来说，无疑是巨大的侮辱，他伤心地对妻子刘英说：

“说别的什么，那是观点不同；说我里通外国，真是冤枉！”

张闻天意志坚强，刘英从未见他流过泪，但在这件事情上，她多次见到丈夫流下悲伤的眼泪。

1960 年元旦，张闻天给毛泽东写信，希望组织能够给他一份工作，没有得到回复。张闻天不死心，又接连写了几次信，都石沉大海。张闻天只好找到总书记邓小平，邓小平对他说：“研究国际问题吧，那是你的本行，你熟悉。”

张闻天听后欢欣鼓舞，又找到刘少奇征求意见，刘少奇则说：

“国际问题，外交战线，你还是暂时回避的好。还是搞经济吧。”

张闻天知道这是因为他“里通外国”的谣言尚未澄清，确实不宜搞外交，于是按照刘少奇的建议，找到经委主任李富春。李富春听明张闻天的来意，高兴地说：

“好！欢迎你来，我们这儿正需要你这样既懂经济又懂理论的人。”

然而，就在张闻天在家中焦急等待任命时，突然收到李富春的来信，李富春在信中无可奈何地表示：经请示未被批准。

经过再三请求，1960 年 11 月，张闻天终于获得了一份工作：中国科学院哲学社会科学部经济研究所“特约研究员”。既是“特约”，自然就用不着他研究什么，不过给他一个领工资的地方而已。但张闻天却对这个无职无权的工作极为重视，立刻全身心地投入到社会主义经济问题的研究之中。

七、历经“文化大革命”磨难

张闻天到中科院经济研究所的时候，正是“反右倾”、鼓干劲遭致失败，不得不进行一系列调整的时期，张闻天结合国外社会主义建设的经验教训，研究了政治经济学的若干重大理论问题，写了大量读书笔记与论文，并于 1962 年到苏、沪、浙、湘三省一市进行经济调查，写成《关于集市贸易等问题的一些意见》，向中央提出了进一步开放集市贸易的正确建议。

然而，就是这篇《意见》的报告，成为张闻天又一次向党进攻的“罪证”。在1962年9月召开的中共八届十中全会上，毛泽东大批“黑暗风”、“单干风”和“翻案风”，决定对彭德怀、张闻天等人进行进一步审查。张闻天从此被取消参加中央一切会议、阅读一切党内文件的权利，并接受专案组审查。

1966年6月，史无前例的“文化大革命”开始了，8月9日，66岁的张闻天被拉到经济所批斗会上，被戴上硕大的高帽，挂着巨大的黑牌子，站在台上接受批判。当时天气闷热，加上人群拥挤，年高体弱多病的张闻天实在难以支撑，当场昏晕过去，瘫倒在地上。被拖到后台后，造反派气愤地骂他“装死”!

在以后的无数次批斗审讯中，张闻天除了挂牌子戴高帽外，还开始承受坐“喷气式”、示众游街和拳打脚踢的残酷斗争与非人折磨。在1967年1月到11月间，张闻天遭审讯、回答问题或写材料等219次之多。但无论面对怎样的恐吓、辱骂，诱、套、哄、逼，无论外界舆论压力有多大，对于被勒令交代其他老干部的“罪行”，张闻天都一切据实回答，绝不诿过于人。

在所有被勒令交代的问题中，最为严重的是所谓的“六十一人叛徒集团案”。林彪、江青反革命集团为达到诬指刘少奇1936年擅自决定一批干部履行手续出狱组成“叛徒集团”的目的，对张闻天软硬兼施，企图让张闻天为此出具伪证。

1968年2月16日，天津南开大学的“抓叛徒战斗队”首先来到经济所，要张闻天交代“61人出狱”情况。事实上，61人采用非常手段出狱，是经中共中央讨论同意的。张闻天为避免涉及中央，决定由他个人独自承担全部责任。因此在肯定刘少奇为此事请示过中央的同时，张闻天特别强调：“我是当时的中央负责人，是经我签字批准的”，“当时我没有把此事报告毛主席，或提到中央特别讨论。”嗣后凡涉及此案，张闻天始终肯定此事是经他同意的，因此保护了刘少奇和61位同志。

但不久，康生亲自派人到经济所就此事对张闻天进行审讯，两个穿着军装的人训斥张闻天在“61人出狱”问题上故意把水搅浑，“启发”他重新写材料，并特别指出：

“这个案子是刘少奇背着中央搞的，你张闻天为什么承认是你批准的？以后再瞎说，后果由你负责！你应该给子孙后代留条出路!”

“要整就整我吧，我不能说假话，陷害人。”张闻天当场拒绝了他们的要求。

此时，张闻天已做好迎接更残酷斗争的思想准备，回到家里，他对夫人刘英说：“我可能会被逮捕。”

果然，5月16日深夜，张闻天的寓所——景山后街甲1号闯进一班武装的军人，他们砸烂保险柜，将里面珍藏的张闻天在庐山会议上的发言稿等重要材料、文稿、10多本厚厚的读书笔记全部抢走，并持枪将张闻天与刘英带到院子里，宣布对他们实行隔离监护。

随后，两人被分别关进两间冬冷夏热的小房子里，各自的屋里除了一张板床、一条长凳外，再无他物。窗户被报纸糊严，仅在门上挖一个小方洞，供监护人员窥望监视之用。

张闻天与刘英被囚禁监护后，连听广播、看报纸的权利也被剥夺，更不准同其他任何人来往，甚至不准两人见面。好在他们共用一个盥洗室，因此能够通过盥洗室互通一点信息。每天天不亮他们便分别被吆喝起来干活，张闻天已经年近七旬，每天都要拖地、擦桌子。

而刘英身材瘦小，由于浸了水的大拖把很重，拖地非常吃力，因此常常为此挨骂。张闻天从恶狠狠的骂声中听出了眉目，以后就提前将拖把冲洗好，晾在盥洗室。刘英再去盥洗室拿拖把时，拖把已经控干了水，既不重又正好拖地。而张闻天泡在盆里的衣服，刘英也趁去盥洗室之机，悄悄放上洗衣粉，赶紧搓洗几遍。

在被囚禁的同时，张闻天还要接受没完没了的审讯。刘英经常在深夜听到“审讯室”里传来审讯人员拍桌子、砸板凳和恶毒的咒骂声。

这样的日子过了523天，1969年10月20日，张闻天和刘英被“逐出”北京，“发配”到广东肇庆，住在肇庆市郊牛岗军分区设在半山腰的一个宿舍区的一处简陋平房里。这里距最近集市有两里路程，没有电话，没有熟人，没有亲属子女在身边，只有部队的“警卫”岗哨。

在这里，张闻天不允许用本名，只好改名为“张普”，意为“普通的劳动者”，并且不准打电话、不准与外人接触、离开宿舍区要经批准，军分区机关放电影要请求同意后才可观看。这样的生活，一过就是六年多。

六年里，张闻天在病魔缠绕下，以0.2的视力抓紧一切时间读书、学习，先是写下10多本读书笔记和13篇文稿合订本。被造反派抄走后，又从头开始，重新读书写卡片，将它们按专题分装在纸袋中。林彪出逃后，张闻天又花费两年半时间写下10万字的理论文章，批判种种“左”倾错误观点，总结从“大跃进”到“文化大革命”的经验教训，探讨在中国建设社会主义的规律。张闻天对外甥说：

“书可焚烧，书可禁读，但禁不住写书人的思想的波涛。不是吗，我过去写的读书笔记，被掠夺一空，今天我又重写了一大沓！”

1974年初春，张闻天、刘英终于获准恢复党的组织生活和进行社会调查。随即，张闻天走遍肇庆当时的工厂，进行参观和实地考察。他还托王震代转他写给毛泽东的一封信，提出回北京居住，接受审查。但中央办公厅的回话是：回北京住不合适，可另选地方。张闻天又要求去上海，仍未获批准。最后，他终于在1975年6月被准许迁往无锡。

8月25日，张闻天夫妇来到无锡，此时张闻天身体状况已经很差，甚至拿不动一本厚书，为了读书，只好将厚书拆成小薄本。深秋江南的气候又冷热多变，张闻天的身体适应不了，开始接连生病。

11月初，张闻天的冠心病发作，接着又因感冒引起肺水肿，住院20余天才见好转。这时，经邓小平全面整顿后经济形势好转，却突然又开始了评《水浒》，“反击右倾翻案风”，紧接着周恩来逝世，天安门事件……

愤懑、担忧、无望使张闻天房颤、心绞痛、急性肺水肿等病频频发作，从1976年2月起，张闻天的病情益趋严重，4月23日、5月22日两次出现“急性左心衰竭”、心室停搏等险情。

7月1日是中国共产党成立55周年纪念日，这一天，张闻天心情不错，身体状况也比平时好些，早上听完新闻广播后，张闻天喝了几口米汤，便静卧休息。下午，张闻天身心轻松，便开始翻阅外文资料，偶然看到一种新式轮椅的介绍，觉得可以方便老弱病人活动，很想能有一张这样的轮椅，并风趣地说：“生命在于运动嘛！”

然而，不到一小时后，张闻天冠心病猝发，竟毫无预兆地离开了人世，卒年76岁。

“蒋介石的引路人”——陈其美

他，是孙中山的左右手，是袁世凯的死对头，是蒋介石的引路人，也是暗杀光复会领袖陶成章的幕后凶手。从 1906 年加入同盟会，到 1916 年被刺身亡，陈其美的政治生涯不足 10 年，却成为民国史上的风云人物。1927 年，由他介绍参加同盟会的蒋介石建立了南京政府，他的侄儿陈果夫、陈立夫不久后也成为了国民党炙手可热的人物、四大豪门家族之一，陈其美从此身价百倍，名声之显赫几乎盖过了黄兴、宋教仁、蔡锷等人。

陈其美档案：

姓名字号： 陈其美，字英士，号无为，曾用化名朱志新、高野英等

籍　　贯： 浙江省湖州府吴兴县（今湖州市）

生卒年月： 1878 年 1 月 17 日—1916 年 5 月 18 日 卒年 38 岁

毕业院校： 日本东斌警监学校、东斌陆军学校

最高职务： 沪军都督、中华革命党总务部部长、上海讨袁军总司令、淞沪长官司令

陈其美简历：

1878年——1月17日生于浙江省湖州府吴兴县五昌里，幼入私塾读书，后在当铺、丝业当学徒。

1903年——春赴上海同康泰丝栈任助理会计。

1906年——赴日本入东斌警监学校，同年加入中国同盟会。

1908年——从日本回国，在北京、天津、上海、杭州等地联络会党，并加入青帮为大头目。

1909年——夏拟策动浙江起义，因被告密未成。后接办上海天宝栈，作为江浙的革命机关，并创办《中国公报》、《民声丛报》，宣传革命。

1911年——7月参加谭人凤、宋教仁等在上海成立的同盟会中部总会，被推为庶务部部长，以推动长江流域的革命运动。武昌起义后，发动上海商团、青帮及部分青年与江浙革命党人11月3日在上海起义，上海光复后，被推为沪军都督。旋发起组织江浙镇沪联军，会攻并克南京。

1912年——1月14日为权力之争，令蒋介石派人刺杀在江浙一带影响较大的革命党人陶成章。3月调任为唐绍仪内阁的工商部部长，未到职，仍滞留上海。7月被解除沪军都督职。唐绍仪内阁倒台后，参加孙中山领导的反袁斗争。

1913年——3月袁世凯派人暗杀宋教仁，“二次革命”爆发，被推举为上海讨袁军总司令。11月失败后赴日本，坚决支持孙中山另组中华革命党。

1914年——7月被推举为中华革命党总务部部长。

1915年——因袁世凯复辟帝制，2月回国在上海参加策动讨袁，主持上海党务，并任淞沪长官司令，负责主持长江下游的军事行动。12 月与杨虎发动肇和兵舰起义，炮轰制造局，并分别派人进攻电报局、电话局、巡警总局、工程总局等，因袁军反扑后援无济而失败。云南蔡锷组织护国军起兵讨袁军后，陈其美受聘为云南都督府顾问，继续在江浙一带策动反袁军事行动，屡次起事均遭失败，深遭袁世凯忌恨。

1916 年——5 月 18 日，被袁世凯收买的张宗昌派人暗杀于上海法租界萨坡赛路 14 号日本侨民山田纯三郎的寓所之内，年仅 38 岁。

一、少年英士

民国四大家族之一的陈家，发迹于陈其美，这个出生于浙江湖州吴兴县的辛亥元勋，共有兄弟三人：其业、其美、其采，三兄弟及其子侄陈果夫、陈立夫，对民国历史产生了极大的影响。

陈其美的父亲读书多年，因为屡试不第，只得弃儒从商，在一个小钱庄做了账房先生。生了陈其美之后，母亲吴氏身体虚弱，父亲只好雇了一个奶妈来喂养他。对这个不能亲自乳养的孩子，吴氏总觉心里有些不安，于是特别宠爱他。父亲见自己的这个次子生来英姿俊美、伶俐可爱，就为他起名其美，字英士。

陈其美四岁时，母亲就开始教他识字。到了第二年，陈其美已能认识 2000 多个汉字，街坊邻居都觉得这个小家伙很神奇，将来一定不同凡响。

随着陈其美一天天长大，家中的光景却一天天地衰落了。因为父母相继去世，家中只能靠变卖家产度日。14 岁的陈其美只好中断学业，由杭州的表亲介绍，离开家乡，到石门营长典当铺做学徒了。旧时代的典当行对学徒十分刻薄，迟迟不让他满师，这学徒一当就是 12 年。从此，这个 14 岁的少年，就踏上了独立谋生的人生旅程。

19 世纪末 20 世纪初，正是中国社会风云跌宕的年代。甲午中日战争后，帝国主义列强加紧了对中国的掠夺和宰割，中国危机四伏。戊戌变法、义和团运动、八国联军侵入北京、庚子赔款等一系列重大政治事件令中国人倍感忧患和屈辱。这屈辱每翻过一页，都在年轻的陈其美心中激起回声，呼唤他的觉醒和奋发。少年时对洋人的好奇已荡然无存，但向洋人学习的意识却根植其心间。

石门距上海仅 100 多公里，上海出版的《申报》、《时务报》、《昌言报》、《新学报》很快就能传到石门。以抨击清朝统治为内容的小说《官场现形记》、《二十年来目睹之怪现状》等，也通过报刊进行连载。

进入20世纪，号召革命排满的进步书刊《大陆》、《童子世界》等又纷纷涌现。陈其美置身在书报的海洋中，每日不辍地阅读上海各报，西方的进步，祖国的衰落，更激发了他强烈的爱国主义思想。

1895年（光绪二十一年），当《马关条约》签订的消息传来时，陈其美十分愤慨。在给亲友的书信中，他痛言清廷失政，人民须自图振作，卧薪尝胆二十年，方能重振国威，洗雪国耻。同时，他又写信给小弟陈其采，劝他进入新式学堂学西学，以求实用。陈其采在他的指点下，于1896年春进入上海中西书院学习英文，秋季又转入金陵国文馆，兼读普通科学。

1902年（光绪二十八年）冬，陈其采从日本士官学校毕业，结束了五年的留学生涯。陈其采刚刚归来，便赶赴石门镇与二哥陈其美相见。他告诉了二哥许多关于海外的所见所闻和学习心得。

陈其美开门见山劈头便问："日本为什么这么快就富强起来呢？"

陈其采回答说："日本富强的源头应当是明治维新，维新后大办实业、国力日增。而且，日本注重教育，特别注重民族精神教育。"

留学日本的陈其美

说着，陈其采从行李箱中拿出十几本书递给陈其美，“这都是我在日本买的书，二哥你要有兴趣，就拿去读吧，一些不易懂的地方，我都用汉文注释了。”

以后的日子里，陈其美把全部身心都放在了那些书上。越读，他心里感慨越多，越读他越觉国事日非。中国必须做一番彻底的改造，才能跟上世界潮流，才能摆脱亡国灭种的危险。虽然他只是一个普通的青年，但他坚信：“天下兴亡，匹夫有责。”

这一年的冬天很冷，很多夜晚陈其美都难以入睡。他原以为，自己终年苦读，见识极高，但弟弟留学归来后，见闻却比自己广博无比。想想自己身居石门，苦苦挣扎，至今才熬到个小当铺第三名学徒的份上，实在是有点井底之蛙的味道。

大丈夫当以天下为己任，石门这地方是再也不能待了，不然，此生都将一事无成。

一念及此，陈其美毅然道：“我已经决定，不再回石门了。”

陈其采点头说：“那个当铺的确不宜再留，你打算去哪里？”

“上海。”陈其美的目光瞄准了上海，他决心到上海去做一番驰骋。

上海的确是一个长见识的地方，在这里，陈其美认识了蔡元培、于右任、张静江等人，并加入了爱国学社。

爱国学社是由中国教育会设立的。中国教育会由章太炎、蔡元培等人发起创办，他们设想了编辑教科书、发行报刊、实行办学的计划，从文化教育入手，传播革新社会的思想。

中国教育会刚刚成立，上海南洋分学、南京陆师学堂相继发生学潮，不少学生被劝退学。中国教育会为这些失学青年设立了爱国学社，接纳他们入学。这些热情奔放的青年，聚集一堂，意气风发，议论时政。上海的爱国人士，以爱国学社师生为基础，借张园开会，倡言革命。爱国学社还编有一种宣传革新的刊物《童子世界》，并积极在《苏报》上撰写鼓吹革命的文章。

结识了许多新朋友，听了许多新理论，陈其美常常有茅塞顿开之感。那些日子里，他常常置身在亢奋之中。1906 年，陈其美东渡日本，先入东斌警监学校学习，不久又转入东斌陆军学校学习。这两所学校是孙中山请日本寺尾亨博士出面创办的，专门用以训练革命干部。

陈其美早就想一睹孙中山的风采，结识宋教仁后，他就对宋教仁表明了自己的心愿。宋教仁说：“我一定要与兄引见。”很快，宋教仁来找陈其美，领着他来到小石川区的武藏野孙中山住处。

陈其美见到孙中山的这一年，孙中山正好40岁。他中等身材，脸庞端正，留着两撇八字须，眼眶微陷，但双目炯炯有神。他穿着一套在日本极常见的黑西服，见陈其美到来，忙迎到门口，热情握着他的手说："欢迎你啊！"

宋教仁在一旁说："总理，这位陈其美先生，就是写'使吴君而在，执鞭所欣幕'的那位。"

"好，见到你很高兴。那首《吊吴樾君》诗，有气魄，有见地。"

"先生过誉了。"陈其美有些不好意思地说："我的拙作何足挂齿。这几年，我陆续读到先生的许多文章，常常为先生的宏论所折服，极为仰慕先生，真像古人所云'生不用封万户侯，但愿一识孙逸仙'啊。"

"惭愧，惭愧。"孙中山真诚地说："在下鼓吹革命十数年，也组织了不少起义，可惜收效甚微呀。"

"不，中国所缺者，唯先生之革命精神也。有了先生这种精神，何愁革命不成功？其美不才，愿追随先生，为革命肝脑涂地。"

"太好了。"孙中山激动地站起来说，"如今革命势头甚健。正需陈君这样的人才。欢迎你加入同盟会。"

"我就来做英士兄入盟的介绍人吧。"宋教仁说。

孙中山把陈其美带到里面的密室，他举起左手，对着会旗宣誓道："联盟人，浙江省吴兴县人陈其美。当天发誓：驱逐鞑虏，恢复中华，创立民国，平均地权，矢信矢忠，有始有卒，如或渝此，任众处罚。天运丙午年十一月二十八日，中国同盟会会员陈其美。"

二、中部同盟会的台柱子

加入同盟会后，陈其美立刻投入到与革命党人广泛联络的活动之中。经宋教仁介绍，他又结识了同盟会另一位领袖黄兴。在黄兴的鼓励下，陈其美组织了"军事教育会。”并转入东斌陆军学校，专心学习军事。

东斌陆军学校是孙中山用来训练革命干部的学校，由寺尾亨博士出面创办，但开办费用是孙中山自己筹措的。在这里学习的大多是自费学生。他们热爱祖国，思想进步，一心想学好军事知识，报效祖国。在这里，陈其美认识了很多爱国青年，特别知交莫逆的是日后成为他得力助手的蒋志清。

蒋志清就是蒋介石，陈其美结识蒋介石之后，两人由于志向和抱负相似，遂成为至交。不久他们又结识了另一位留日学生黄郛。由于他们三人志趣相投，便结拜为把兄弟，并立下誓言：“安危他日终须仗，甘苦来时要共尝。”

陈其美最长，为老大；黄郛次之，为老二；蒋介石最小，为三弟。蒋介石为表达对两位兄长的敬意，就把三人的誓言刻在两把宝剑的剑柄上，作为礼物送给了两位盟兄。

1908年春，陈其美奉孙中山令回国开展革命活动。临行前，他带蒋介石去拜见了孙中山。孙中山见蒋介石为人机敏，有一股阳刚之气，高兴地说：“是个人才。”当下，由陈其美做介绍人，蒋介石加入了同盟会。

后来，蒋介石奉陈其美的指示，积极在浙江籍的同学中开展活动。这些人以同学同乡为名，常常聚集在一起，谈论政治形势及革命道理，发展革命力量。

1907年，孙中山一连举行了四次起义，全部以失败告终，徐锡麟、秋瑾举行的皖浙起义也以失败告终，同盟会、光复会在上海、江浙一带的革命力量元气大伤，一时陷入消沉。回国后的陈其美心急如焚，决心重整旗鼓。他先通过表叔杨信之的关系，在湖州旅沪公学任代课教员，慢慢与湖州帮、宁波帮的商界人士相联络，争取他们支持革命。

青年陈其美

陈其美性情豪放，善于组织，在同仁中以“四捷”即口齿捷、主意捷、手段捷、行动捷而著称。他思维敏捷，行动泼辣，活动能量极大，很快就在上海生根立足，和各方面建立了广泛的联系。为了宣传革命，他想方设法筹措经费，先后参与了《中国公报》、《民声丛报》、《民立报》的创办工作。

革命除了宣传，还需要突击队，当时上海不是一个军事要塞，但帮会势力很盛，陈其美到上海后，很快就继续以往革命党人的工作，在帮会中展开活动。当时，女革命家秋瑾被害，她手下的会党领袖王金发逃亡深山。陈其美派人费尽周折，把王金发找到，接至上海，关怀备至。剽悍蛮勇的王金发，对陈十分钦佩，从此成为陈的得力助手。

为了能更好地联络和利用会党力量，陈其美还参加了青帮组织，成为“大”字辈弟子，通过帮会，陈其美以戏院、茶馆、澡堂、酒楼、妓院为掩护，展开革命活动。但陈其美本人并不开堂收徒从事帮会活动，也没有山头之见，洪帮头目刘福彪、长江会党头目应桂馨都被陈其美笼络来从事革命活动。

渐渐地，陈其美成长为上海地区革命党人的核心人物，从日本和其他地方来上海的革命党人，常常到陈其美处落脚。他们将四面八方的信息会集在这里，再把四面八方的信息反馈到全国各地去，这里很快成为上海同盟会活动的中心。

陈其美在网罗帮会力量的同时，也在积极设法联合工商界人士，被陈其美争取过来参加同盟会或支持和参与革命工作的江、浙资产阶级人物，著名的有杨信之、沈缦云、王一亭、李平书、叶惠钧、虞治卿、朱葆三等人。

1910 年 2 月，由设在香港的同盟会南方支部领导的广州起义又告失败。这是革命党组织的第九次起义。这些起义全是在南方边省发动的，有人对这种做法产生了怀疑。

在日本的同盟会员谭人凤、宋教仁、赵声等人邀集在日本的 11 省区同盟会分会长，在东京小石区开大会，讨论今后发展方向。

宋教仁说：“过去的九次起义都在边省，对内地影响很小，所以，在边地起事为下策。为今之计，若在长江流域起义，为中策；若能在北京或北方起义，当为上策。”

大家认为很有道理，最后认定：“下策太不济事，上策太不容易，还是取中策为好。”

谭人凤、宋教仁很快回到上海，找到陈其美，商量成立中部同盟会之事。三人商量了一下筹建中部同盟会的具体步骤，并就“宣言”的内容进行了商讨。三人一致认为，中部同盟会应该有武汉地区的革命党人加入进来。

1911年2月23日，谭人凤乘船抵达武汉，向革命党人孙武、居正、杨士杰等人介绍了上海的情况。

“我们正准备在上海发表中部同盟会‘宣言’，希望武汉地区的革命党人也加入进来。我们这个中部同盟会。目的是联络长江上下游，其性质与东京同盟会总部一样。”

共进会、文学社的领导人有些不解地问：“东京同盟会总部不是已经有了吗？”

“这些年，孙中山、黄兴都已离开东京，东京总部无人主持，形同虚设。上海交通便利，组织这个机关，等于把东京同盟会总部搬到上海。武汉的同志加入后，长江沿岸就能联成一气，一起响应广州。”

广州起义失败后，陈其美和宋教仁等加紧展开了中部同盟会的组织工作。1911年7月31日，中国同盟会中部总会在上海成立，到会29人，包括了湘、浙、苏、皖及川、闽、鄂各省革命党人。

这次会议选举陈其美掌管庶务，担负起具体而繁重的组织工作。总会发布宣言：“总机关设于上海，取交通便利，可以联络各省，统筹办法也。各省设分部，收揽人才，分担责任，庶无顾此失彼之虑也。”

中部同盟会的成立，使陈其美有了充分施展自己才华的机会，不久，各地分会成立，陈其美和各分会来沪人员往来十分频繁。他一方面在上海设立机关，招待各地来沪人员；一方面筹购枪械，向各地输送。上海在动员革命中的地位越来越重要了。

三、上海光复第一人

1911年10月10日，武昌起义突然爆发，并取得了出乎意料的胜利，消息传到上海，群情欢腾，上海的《民立报》、《神州日报》、《申报》等报刊以醒目的标题、重要的版面进行了报道。宋教仁应武昌革命党人之请，很快起程赴鄂。陈其美在上海更夜以继日地准备发动起义。

上海自古以来并不是一个政治、军事重镇，近代开埠以后，上海才成为通商大埠，但人们还不了解它的政治、军事价值。因此，陈其美起初仍把全力集中在策动杭州、南京各地的起义上。

10 月 12 日，陈其美到达杭州，在西湖白云庵召开秘密会议，筹备起义。以后，他又派姚勇忱、黄郛、蒋介石到杭州进行具体的发动工作。同时，陈其美在此风云突变、人心奋发的时候，迅速扩大了同资产阶级和立宪派人士的联系。

10 月 24 日，陈其美和沈缦云等举行会议，决定联络商团，沟通士绅，扩大革命力量。会后，沈缦云介绍上海自治公所董事兼江南制造局提调李平书和陈其美会见。李平书当时掌握着商团这一支保护商界安全的准军事力量，对上海的起义至关重要。不久，上海宁波帮商人的重要人物虞洽卿也和陈其美建立了联系，向陈提供了极其宝贵的财政支持。

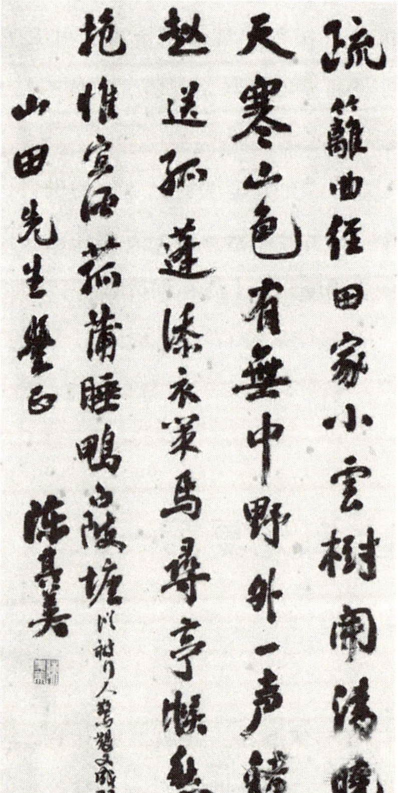

陈其美书法

在辛亥革命战争中武昌革命军由于力量单薄，处境越来越难。为了能够缓解压力，湖北军政府迫切希望长江下游地区实行革命暴动开辟新战场，吸引清朝兵力，以便武昌方面得到喘息的机会。

10 月 31 日、11 月 2 日，宋教仁两次从武昌发电报给陈其美、杨谱笙等人，告诉他们武昌前线战事吃紧，希望上海快速响应；并希望陈其美能够设法购买枪弹，运往武昌。

2 日这一天，黄兴也发电给潘训初、杨谱笙，说革命军已退出汉口，他自己虽然亲冒矢石，挥戈上阵，依然未挽颓势，急盼宁、皖响应。

此时，由于南京方面两江总督张人骏等已有所察觉，戒备森严，一时之间难以行动，陈其美决定，上海先动，杭州响应，然后再合力攻打南京。

1911 年 11 月 1 日晚，陈其美在上海城自治公所召开会议，号召起义，陈其美以其惊人的活动能力，首先掌握了拥有 2000 多人的商团武装，又组织了同盟会员张承槱和会党头目刘福彪指挥的敢死队，以及留日士官生率领沪上青年学生组织起来军国民联合会。而精武学校的师生、中国国民总合的模范体操团也成为了陈其美手下的一支重要力量。

在起义之前，陈其美对上海的军警做了大量的策反工作。10 月底，陈其美派张承槱向吴淞巡防营统制梁敦焯做策反工作。与此同时，陈其美又派吴鑫田到吴淞运动济军黎天才部，让他参加起义。黎天才不愿起义，但同时也表示他同情革命，不会与革命军为敌。并且通过商团，陈其美说服了海军舰长林建章、吴淞炮台总台官姜国梁依附革命，接受同盟会的调度指挥。

上海的警察力量虽然不强，打起仗来没有什么力量，但在革命党人未集合前，还是能够阻碍革命党人的活动的，甚至能逮捕革命党人。前一天，陈其美约洪承点和王子骞到南市上海警察厅同姓徐的厅长谈判，劝他不要干涉上海起义。

上海警察厅厅长被迫答应不干涉革命党人的活动，经过这次谈判，革命党人已经可以毫无顾虑地携带手枪，在华洋交界地大胆进出了。

11 月 3 日上午，负责闸北起义的总指挥陈汉钦传达起义的消息时，走漏风声，被巡警道汪瑞闿和巡警总局局长姚捷勋获悉，他们马上布置手下人抓捕革命党人。陈其美当机立断，决定提前起义。

上午 10 时，上海起义全面爆发。在闸北、吴淞，参加起义的巡警和商团团员臂缠白布，列队向警察总局进发。汪瑞闿、姚捷勋一见，慌忙逃进租界。由于驻军中立的中立，反正的反正，闸北和吴淞未经战斗便顺利光复。

以敢死队为主的进占上海城厢的战斗也比较顺利。10时左右，张承樾、刘福彪率领敢死队抵达城门时，守城的警察都已臂缠白布，列在两旁迎接。进了城门，敢死队直赴道台衙门。

上海道台刘燕翼、知县田宝荣听到枪声，顾不得抵抗，卷起细软钱财就逃进了租界。刘福彪在道台衙门里找到了几听煤油，他用刀将铁皮砍开，令手下把煤油洒到衙门各处，点起火来。顷刻之间，道台衙门火光冲天，清朝在上海200多年的统治正式宣告结束。

陈其美走到街上，只见到处是欢呼的人群。很多茶楼酒肆都悬挂起了白旗和革命军旗，白旗上都写着斗大的"光复"。在西门外斜桥西园，陈其美、于右任、沈缦云、李平书等召开会议，凡是与革命党有关的重要人物都到了。会上决定成立上海军政分府，并决定下午4时所有参加革命的团体和个人都到九亩地广场举行誓师大会，攻打江南制造局。

下午，陈其美登上九亩地广场主席台，朗读了上海军政分府的独立宣言，宣告上海光复，宣言赢得了雷鸣般的掌声，革命党人立即扯下了广场正中旗杆上的黄龙旗，升起了同盟会制定的青天白日旗。

集会以后，陈其美把自己拿来的两只箱子打开，把里面所藏的手枪、步枪、炸弹分发给起义军。他自己拿了一面白旗，率敢死队200余人，从南市出发，向江南制造局挺进。

江南制造局始建于1865年（同治四年），是清政府当时规模最大的兵工厂，防卫极严。通常它驻有一个巡防营，两个炮兵营，还有各一营的护卫亲兵、护厂警士。

当日，陈其美动员各路民军进攻制造局，通过开阔地带，发起冲锋。可制造局守军依托有利地形和优势火力进行顽抗，民军一度进攻受挫。陈其美不惜亲身犯险，与李平书一起进入制造局劝说总办张士珩投降，结果李平书被释放，他却被张士珩扣押在了制造局内，幸亏有心向革命的军人劝阻，陈其美才没有被杀。

起义到了危急关头，民军决心冒死一战，革命党人调集各路人马，全力攻击制造局，在经过六个小时的激战后，于翌日凌晨4点，终将制造局攻克，并救出了陈其美。

11月5日，浙江革命党人发动起义成功，杭州全城光复。同日，在上海革命党人的策动下，驻苏州的江苏巡抚程德全宣布反正。

6日，李平书主持上海城厢自治公所、商务总会、商团各界骨干会议，讨论组织都督府。同盟会系统，陈其美的部下黄郛、刘福彪力主推举陈其美为都督，商界领袖都和陈其美建立了良好关系，大家纷纷表示赞成。

第二天，陈其美即发布就职通电，出任沪军都督。但是，上海起义时，光复会领袖李燮和居功甚伟，都督府成立后李燮和被排挤出了权力中枢，本来成见很深的同盟、光复两会更增添了隔阂，为后来的陶成章之死埋下了伏笔。

上海的光复，不仅在财政、经济上打击了清政府，牵制了武昌的清军，而且为攻取杭州、南京等地奠定了坚实的基础，从而加速了长江流域各省的革命进程。

孙中山为此给予陈其美以高度的评价，他在《致邓泽如函》中说：“陈其美为吾党健者。第一次革命，于沪上握东南之锁钥，其功最大。”如果没有陈其美在上海独立，那么汉阳一失，“革命的成功，又危险了。”

四、民国元勋

上海光复，沪军缓解了武昌革命军的压力，使得革命者能够得到充分准备的机会。沪军都督府是由同盟会会员和上海部分资产阶级领袖人物联合产生的，除沪军都督陈其美外，李平书为民政部部长，沈缦云为财政部部长，王一亭为交通部部长。这对推动辛亥革命的发展起了极为重要的作用。

11月11日，陈其美鉴于南京还在清军盘踞之下，即致电苏督程德全、浙督汤寿潜，提议组织江浙联军，任命新军将领徐绍桢为江浙联军总司令，会攻南京，得到苏、浙两地的热烈响应。陈其美坐镇上海，筹措军饷，供给枪械，接待各路过境攻宁、援鄂部队，忙得日夜难得休息。

12月3口，联军攻克南京，从此东南半壁掌握在革命党人手中。本来，武昌起义之后，湖北军政府以首义之区号召天下，但同盟会中枢并未能掌握湖北领导权。11 月 27 日，汉阳失守，战时总司令黄兴和湖北起义军将校发生冲突，被迫离鄂赴沪。

当时，上海、武昌两地，同时在筹组临时政府，汉阳失守，南京攻克，东南地区举足轻重的地位，顿时显示出来。东南各督当即联合驻沪各省都督府代表决定临时政府改设南京。于是，上海接替武昌成了辛亥革命的中心，沪军都督府也成了同盟会的重镇，为同盟会掌握革命的中央政府奠定了基础。

1911 年 12 月 25 日，孙中山从欧美回国到达上海，陈其美派建威兵舰前往吴淞口迎接，仔细地安排了孙中山在沪的食宿和保卫工作。随后陈其美和黄兴等人朝夕不离，和孙中山一起筹划创建民国的大计。他和黄兴、宋教仁秘密商定，推举孙中山为大总统，分头向各方活动，并在《民支报》上进行宣传。

12 月 29 日，孙中山当选为中华民国临时大总统。1912 年 1 月 1 日，陈其美派出卫队护送孙中山前往南京就职。陈其美对南京临时政府的建立，发挥了关键的作用。

在上海起义之初，陈其美和转向革命的清朝立宪派张謇、汤寿潜以及程德全等互相合作，一致对敌。随着南北议和的进展，立宪派人士越来越倾向拥护袁世凯，千方百计来拆南京临时政府的台脚。上海原是江苏省下辖的一个县级行政单位，沪军都督府的建制，使上海处于独特的地位，于是程德全一心一意要把上海重新纳入江苏管辖，掌握在自己的手里。

陈其美在都督府中，虽然用了上海资产阶级的优秀人士充任要职，但也滥用了一些帮会中人。这些人不免志得意满，花天酒地，以光复功臣的名义招摇撞骗。因为都督府财政拮据，陈其美不免使用了一些暴力手段，迫使一些士绅捐输调款。两者夹杂一起，反对派就大肆抨击陈其美任用私人、浪掷公款、花天酒地，甚至诬称他为杨梅都督。

同时，同盟会和光复会的矛盾也愈加激烈，在江浙各地屡起冲突，光复会领袖陶成章和陈其美也隔阂甚深。1912 年 1 月间，汤寿潜辞去浙江都督职务，浙江光复会方面纷纷出面推举陶成章为浙督，对同盟会构成潜在威胁。

1 月 14 日，作风泼辣的陈其美，竟指使蒋介石在上海广慈医院将陶成章刺死。革命党人之间的自相残杀，致使舆论轰动，蒋介石被迫赴日本回避，陈其美的声誉也受到极大创伤。

1912 年 3 月底，袁世凯授命唐绍仪组成民国政府第一届内阁，以陈其美为工

1912年孙中山、陈其美等在杭州合影

商总长，实际上是调虎离山之计。陈其美则以沪军军需浩大，向商界借款一时无法清还为由，迟迟不愿赴北京上任，内阁只能以次长代职。因此袁世凯对陈其美极为忌恨。

7月12日，袁世凯任命黎元洪为湖北都督、谭延闿为湖南都督、蒋尊簋为浙江都督、李烈钧为江西都督、尹昌衡为四川都督、张凤为陕西都督、陆荣廷为广西都督、蔡锷为云南都督，其间并没有沪军都督陈其美的任命。陈其美知道卸任在即，只好与江苏都督程德全准备交接工作。

7月31日，程德全从南京乘火车抵达上海，顺利接收了沪军都督府及其军队，陈其美宣告下野。

在陈其美下野后，同盟会又吸收合并了四个小党，改名为国民党，由孙中山任理事长，宋教仁为代理理事长。

1912年12月，全国各省、地区的国会参议员和众议员选举结束。参议员每省选10人，众议员每80万人选一人。由于宋教仁等人的不懈努力，国民党在各地积极展开竞选运动，结果国民党在众议院596席中占了269席，在参议院274席中占了123席，即使把跨党分子除外，国民党也超过了共和党、民主党、统一党三党议员的总和，成了国会中的第一大政党。

按照政党组阁的原则，应由议会中多数党组成内阁。因此，宋教仁一时成为全国极为瞩目的人物，人们都认定：宋教仁一定会出任总理，执政组阁。正当这位年轻的政治家准备大展宏图之时，他没有想到，一只黑手正向他伸来。

12月间，出身帮会的陈其美旧部应桂馨在赵秉钧亲信内务部秘书洪述祖的引领下，在北京晋见了总理赵秉钧和总统袁世凯，并答应“毁宋酬勋位”。1913年3月20日夜，应桂馨指使暴徒武士英在上海沪宁车站，枪杀了宋教仁。

宋案发生后，陈其美在宋教仁的遗体旁愤愤频呼：“此事真不甘心!”他事先已经获得了一些蛛丝马迹，曾经警告过宋教仁要注意戒备，但宋漫不经意，导致发生惨剧。

之后，陈其美迅速行动起来，利用自己手中掌握的广泛的社会关系，很快就发现了应桂馨主使暗杀的密谋。当时，袁世凯政府和共和党散布大量流言，甚至国民党内部都有人怀疑是陈其美暗杀了宋教仁。但租界当局在革命党人的协助下，于23日即逮捕了应桂馨，搜获大量证据，流言不攻自破。袁世凯政府收买凶手暗杀宋教仁的真相终于大白于天下。

在袁世凯赤裸裸的暴力压迫之下，革命党人忍无可忍，被迫起兵讨袁。7月12日，李烈钧在江西湖口举义。陈其美原以为北军在沪只有一团，对付很容易。他应南京方面革命党人的要求，准备由上海先发难，再度掌握这个后勤、军械要地。

可没想到，陈其美派黄郛去动员旧部起兵，但主管军官对起义很消极，部队又遭到北军分割压制，无法动弹。他想从宁波调兵，但面目尚未公开，师出无名。结果屡遭挫折。上海起义的兵力集中不起来，南京只好自己发难宣布独立，随后，陈其美才于7月17日在上海成立讨袁军，由黄兴委其为上海讨袁军总司令。

但是陈其美手中兵力薄弱，并不足以发起战斗，而且上海总商会方面反对“二次革命”，李平书主持的南商会和商团，虽然同情讨袁军，但也不赞成开启战端，希望通过和平谈判，请北军退出制造局，让制造局保持中立，但遭到了北洋将领郑汝成、臧致平的拒绝。

此时，在南京指挥作战的黄兴，从镇江抽调了少量军队支持陈其美，并将辛亥后调往南京的刘福彪部调回上海，加上松江纽永建部和本地军队，陈其美于7月23日凌晨，向制造局全力发起进攻。

由于制造局北军依托防御工事，顽强抵抗，并得到了海军的炮火支援，讨袁军经多日进攻，伤亡累累、士气瓦解。至7月26日，陈其美不得不转往吴淞，做退守的准备。

不久后讨袁宣告失败，但陈其美仍在租界内潜伏坚持，处理善后事宜。直到

10月1日，陈其美才应孙中山的召唤前往日本，筹备组建中华革命党事宜。

五、孙中山的左右手

由于讨袁失败，孙中山在1913年8月9日被迫流亡到日本，在那里孙中山有很多支持者，并能够给他提供一些强有力的帮助。如刚卸任不久的日本内阁文化相、宪政改进党首领犬养毅，玄洋社首领头山满，还有他的日本友人宫崎寅藏等人。不久，国民党骨干黄兴、胡汉民、柏文蔚、李烈钧、谭人凤、纽永建、戴天仇、李平书、沈缦云等人，也相继流亡到东京。至1913军年底，流亡日本的国民党人已达千人。

孙中山等流亡者在日本过着灰暗而艰苦的生活，他们这批缔造民国的共和英雄，反过来成为“民国”所通缉的罪犯，内心实在痛苦莫名。

尤其使孙中山苦恼的是，经过“二次革命”的惨败，本来就形同一盘散沙的国民党，此时更加溃不成军了。即使在东京的国民党骨干，也思想混乱，意志颓唐，组织涣散，行动散漫，甚至有不少人对孙中山产生了信仰危机。

因此，孙中山不得不痛下决心，亲自着手组织筹建中华革命党，并要求党员宣誓打手指印，“附从孙先生”、“服从命令”，企图建立一个组织严密、高度集权的党。

陈其美到达东京后，完全赞成孙中山的主张，当即宣誓入党。他到处奔波，积极地说服同志服从孙中山。因黄兴不赞成抛弃国民党的组织形式，也不赞成党魁独裁的原则，因而拒绝加入中华革命党，也影响了一批同志。

陈其美因为讨袁遭到惨败，难免情绪偏激，他对拒绝入党的黄兴疑忌横生，乃至进行人身攻击，引起了黄派军事干部的强烈不满。结果，黄兴远走美国，另一些人在日本组织了欧事研究会，并遥奉黄兴为领袖。

1914年5月14日，由孙中山指定，成立了15人的中华革命党筹备委员会。

委员会人员有：陈其美、柏文蔚、周应时、刘承烈、邓家彦、胡汉民、杨庶堪、居正、侯度生、张肇基、凌成、文群、陈杨栋、张百麟、田桐。

6月22日，中华革命党召开成立大会，与会者200余人，一致票选孙中山为中华革命党总理。在会上，大家一致推选陈其美为中华革命党协理，但陈其美坚持不同意。他建议协理一职先空着，留待黄兴归来。他的这个建议受到了与会者的赞扬。

孙中山在会上还发布了《委任令第一号》，公布中华革命党最高干部的名单：

总务部长　陈其美
副部长　　谢　持
党务部长　居　正
副部长　　冯自由
军务部长　许崇智
副部长　　周应时
政治部长　胡汉民
副部长　　杨庶堪
财政部长　张人杰
副部长　　廖仲恺

根据中华革命党总章第二十一条规定，总务部负责总务部庶务，接洽内地支部和海外支部，制管公文府印，交涉党外事宜，办理不属他部之事。

孙中山还专门对总务部的地位和职权做了指示："总务部为各部之领袖。各部事务应受其考试。凡总理发布命令成委任职员，必须总务部及有关部长副署。特别筹款及对外交涉，亦由总务部任之。"由于中华革命党协理始终空缺，总务部是第一部，陈其美实际上成为了孙中山的第一助手。

中华革命党的筹建和同盟会、国民党时期的思想状况、政治形势均不一样，相当部分国民党员对孙中山要求党员立誓约、按指模、服从孙中山"党魁"一人，很不服气，不肯加入。陈其美到处劝慰、说服。在海外，许多支部的建立，如宿务支部、菲律宾支部、庇能支部、麻坡分部等，均由陈其美以总务部部长名义，直接联系报请孙中山委任的。

在国内方面，陈其美曾亲赴大连，开展党务联络活动。1914年9月，陈其美又被孙中山委任为浙江地区主盟人，并对江、皖、鄂等省的党务工作做指导。到后来，中华革命党在全国18个省先后建立了支部。

1915年2月间，陈其美潜回国内，从事反袁活动。当时，他的相貌在上海已为人们所熟知，又遭袁世凯悬赏通缉，上海镇守使郑汝成在租界密布暗探，但陈其美在沪联络同志、筹划革命，常常独往独来，不畏艰险。他打电报给孙中山表示：“事如不成，决不再到日本亡命。”

不久，筹安会成立，全国骚然，袁世凯称帝的图谋遭到各界强烈地反对，革命党人认为起义讨袁的时机已趋于成熟，陈其美根据辛亥革命和“二次革命”成败的经验，认为要获得起义成功，首先要在黄浦江上袭取停泊的海军军舰，然后使用海军炮火同地面兵力配合，协同进攻制造局，这样才能获得起义的成功。然后，再夺取吴淞要塞，控制整个上海地区，进而发动浙江起义，攻取南京，奠定起义军在东南半壁的基础。

上海镇守使郑汝成精明强干、足智多谋，且对袁世凯忠心耿耿，不断镇压、抓捕革命党人，陈其美决定先除掉这只拦路虎。然而郑汝成平时深居简出，戒备森严，想刺杀他谈何容易。不过机会还是来了，大正天皇定于11月10日举行加冕典礼。按照外交礼仪，郑汝成一定会前往日本驻沪领事馆表示祝贺。

陈其美看准这个机会，召集部下杨虎、孙祥夫，详细制定了刺杀郑汝成的具体方案，募集了10多位敢死的壮士，在五个最有利的狙击位分兵把守。陈其美把第一重点放在了外白渡桥，选择了吉林的王晓峰、山东的王明山、奉天的尹神武，担任狙击任务。

1915年11月10日中午12时左右，着文官礼服的“郑汝成”乘黑色轿车驶来，狙击手正准备扣响扳机的瞬间，觉得可疑而停止了行动。20分钟后，又一个着一身金碧辉煌军礼服的郑汝成乘轿车疾驶而来，这才是真正的郑汝成。

趁汽车上桥时减速，王明山冲上前连掷二弹，击毁了汽车，紧接着王晓峰迅速登车射杀了郑汝成。事成后“二王”坦然就捕，旋被引渡给北洋政府处死。

郑汝成死后，由北洋第四师师长杨善德出任淞沪护军使。陈其美以为劲敌已去，杨平庸无能，即刻部署起义。12月5日夜，陈其美指挥部下袭击驻沪海军肇和、应瑞两舰，策动海军起义，陆路同时响应。肇和舰当即宣布起义，发炮攻击制造局，但袭击应瑞及陆上各路计划受阻，未能响应。天明后，肇和舰遭到围攻，起义宣告失败。

肇和舰的起义，打响了反对袁世凯称帝的第一枪，振奋了全国的人心。12月

25 日，进步党系统的蔡锷、欧事研究会系统的李烈钧在云南昆明，策动云南督军唐继尧宣布云南独立，成功发起护国讨袁战争。

云南的成功，使得孙中山加紧督促陈其美在上海的起义，但是，这时候的国内形势与辛亥革命时已经有很大不同。陈其美自“二次革命”以来，就失去了上海资产阶级和江浙立宪派的有力资助。陈其美只能利用金钱收买海陆军军官，期望他们能够起义，结果那些人骗走了钱，就是不肯行动。后来陈其美到江阴发动起义，也没有成功。

当时，上海资产阶级和立宪派虽然倾向反袁，但更不支持中华革命党激进的暴动策略，他们希望策动江苏都督冯国璋独立反袁。结果冯国璋搞了个“不独立的独立”政策，以此反对袁世凯称帝，让上海资产阶级和立宪派深感满意。陈其美孤掌难鸣，坐困愁城，已经无法再成就辛亥年那样的丰功伟业了。

六、“失我长城”

陈其美矢志于革命与反袁，袁世凯自然对陈其美十分忌恨，立意要除掉他，当北洋政府了解到陈其美经费十分困难，便又从这方面着手设计来引诱他上钩。被派遣出来具体负责这件事的叫张宗昌，这个人在辛亥革命时从东北率一支胡匪组成的马队到上海参加革命，归属在陈其美的部下。后来程德全把这支马队调到了徐州。“二次革命”时，张宗昌在徐州叛变革命投向北军，战争结束后，部队被遣散，张宗昌就跟随北洋大将冯国璋充当间谍四处活动。

张宗昌知道，革命党人中有个叫韩恢的会党领袖，和陈其美不大和睦，他就趁机收买韩的部下程子安。程子安见到白花花的银洋，毫不犹豫地答应了。他们日夜密谋，策划暗杀陈其美。

其时正好中华革命党有个小头目叫李海秋的，是陈其美的熟人。李海秋在北京被捕后，供出了中华革命党不少机密。袁世凯得知此事，心想张宗昌行刺陈其美到现在还没有成功，何不让这个李海秋前去协助。趁着陈其美还不知道李海秋被捕叛变，一举铲除陈其美这个心腹大患。

接着程子安又找到了朱光明、许国霖等人，假装组织了一个“鸿丰煤矿公司”。为使陈其美相信真有这么回事，鸿丰煤矿公司还煞有介事地在报上登出启事，表明寻找抵押贷款伙伴。

李海秋在革命党里大小也算个头目，认得不少经常跟陈其美接触的人，这次他通过陈其美的胞弟陈其采，终于和陈其美取得了联系。

陈其美回信说自己马上要去一个地方开会，让李海秋次日去老城隍庙春风得意楼等候，他会派自己的代表去跟李海秋见面。

第二天一大早，李海秋就到了春风得意楼，他招呼跑堂的沏了一壶太湖碧螺春，慢慢地等着。好在没等太久，陈其美便独自赶来了。原来，他先前说代表什么的，只是为了蒙蔽他人，隐其行踪。

李海秋见到陈其美，大为高兴，连忙招呼跑堂的沏茶。陈其美对自己党内的下级也不客套，他坐下瞅着李海秋问：“你有什么急事?”

“哦！英公，是这样的，我的几个朋友合伙开了一家鸿丰煤矿公司，煤矿就在安徽淮南，前几年情况还好，近来很不景气，眼看就要维持不下去了。最近他们准备从日本购买新式设备，加大产出，但苦于缺乏经费，只好将公司作为抵押向日本实业界人士贷款，但一时又找不着介绍的人……”李海秋把话打住，掏出一张报纸放到陈其美面前，“您看，他们已经在报纸登过启事了。”

陈其美浏览了一下，信以为真，饶有兴趣地问道：“他们准备给介绍人多少回扣呢?”

李海秋说：“他们那公司注册固定资产为三百万元，准备抵押出去贷款一百万元，言明谁若是从中介绍签约，愿以贷款的百分之三十相酬。我想英公曾留学日本，在日本定然有不少商界朋友，若能介绍签约成功，英公也能给咱们革命党弄点经费，因此特来报个信。”

这时正是1916年5月间，孙中山已从日本回国，住在上海环龙路63号。他多次催促陈其美，要借西南护国军不断取胜的大好时机，再次在上海发动反袁起义。陈其美这几个月联络了不少仁人志士，也想尽快举行起义，只是苦于经费无着落而终日忧愁。听李海秋这样一说，陈其美不禁心动了：一百万元的百分之三十，就是三十万元，这倒是一笔巨款；再说事情并不难办，他在日本有不少企业界的朋友，只要居中介绍牵个线就行。

陈其美一边想着，一边问道：“对方现在在淮南，还是在上海？”

“他们已经来上海了，正急着找门路哩！”

“此事我可以一试，三天之内听回音。你给我留下个电话号码，到时候我打电话通知你。”

“好的。”李海秋见陈其美果真上钩了，不禁心花怒放。

陈其美终是求款心切，对李海秋所言之事未经详察就相信了。第二天，他就去虹口一家日本洋行，那经理是他的好友，听说这事，也热心为其撮合，向国内总公司拍发电报，述说情由。总经理跟陈其美也是熟识，当即复电同意向鸿丰煤矿公司贷款 100 万元，并委托陈其美担任总公司代理人，代表日方跟鸿丰煤矿公司签约。

陈其美于是给李海秋打电话，约定 5 月 18 日下午 3 时带贷款意向书底稿来萨坡赛路 14 号寓所签约。李海秋闻讯大喜，马上报告张宗昌，张宗昌立即集合部下做好了准备。

死亡已经悄悄地临近了，但陈其美一无所知，纵使有些得到风闻的朋友提醒他注意安全，习惯了冒险的陈其美也毫不在意。

1916 年 5 月 18 日下午，李海秋带着程子安、朱光明、许国霖、王介凡等人来到萨坡赛路 14 号附近，程子安叫王殿章等四人各持手枪、石灰包分布在路旁，并让宿振芳在弄堂口望风，又派杜福生负责租赁汽车、马车，以做逃跑时之用。

陈其美是这天下午 2 时左右来到萨坡赛路 14 号的，李海秋见他来了，忙上前说：“英公，客人已经等了很久啦！”

陈其美把李海秋一行带到饭厅里，朗声笑道：“哈哈，诸位请坐吧。”

李海秋装模作样地在一旁给双方介绍：“英公，他们是煤矿老板。诸位，这就是光复大上海的陈其美都督。”

程子安、朱光明、许国霖、王介凡这群心怀鬼胎的家伙连忙拱手作揖：“久仰陈都督大名。”

陈其美一边招呼女仆奉上烟茶，一边注目四人：“四位老板，抵押贷款一事李先生已经跟我说过了。我和日本朋友联系过了，他们委托我作为代表，先和贵公司签意向书，之后，总公司将派人和我一起去淮南核查贵公司固定资产。如确认无误，就可签正式协议，然后汇款。另外，我根据李先生所转达的贵公司愿向介绍人支付百分之三十报酬的意思，起草了一份合同草稿，诸位也可以过目一下。”说着他把几张纸放在桌子上。

李海秋冲程子女等人示意：“你们把意向书拿出来，请陈都督过目。”

许国霖连连点头：“好的，好的。”遂从皮包里取出意向书交给陈其美。

此刻，李海秋忽然站起来说：“你们先坐，我出去买包烟。”说着就走了。

趁陈其美低头看意向书的当儿，程子安突然掏出手枪，对着陈其美连开三枪。第一颗子弹击中了陈其美的右颊下部口边，第二颗子弹在其右颊上一寸之处，第三颗子弹击中右脸近眉端之处。

此时正在客厅里等待与陈其美谈话的革命党人吴忠信、邵元冲、余建光、曹叔实、丁景梁等人听到枪声，急忙拔枪冲了出来，见程子安等人正往外逃，双方立即不停开枪对射。

凶手王介凡跑在最后，当即被打死，程子安、朱光明很快逃走，而许国霖跳上门前一辆黄包车，让车夫快跑时，却被车夫当场掀翻在地，旋被捕获。不一会，在弄堂口望风的宿振芳也被捕获。

待余建光冲进饭厅，把陈其美从地上扶起来时，只见他脸上血流如注，嘴唇微

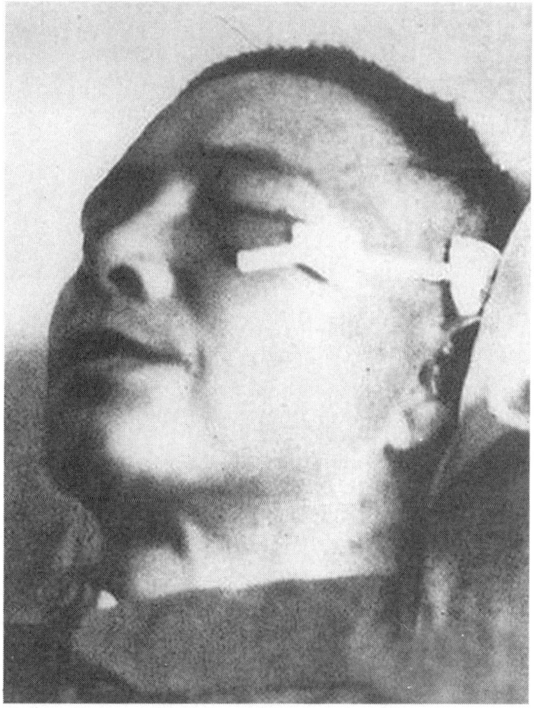

陈其美中枪遗照

动，已不能说话。几分钟后，他的心脏停止了跳动，但双目却始终睁着，仿佛不愿告别这个世界。这一年，陈其美才 38 岁。

得知这个不幸消息后，蒋介石急忙从新民里 11 号寓所赶来，抚尸痛哭。不久后，孙中山也闻讯赶来，他见陈共美仍不瞑目，不禁泪流不止说：“英士，你安心去吧，一切责任，由我负责。”并当场手书“失我长城”四字以志其哀。

陈其美牺牲后不足一个月，即 1916 年 6 月 6 日上午，刺杀陈其美的幕后主使、一代奸雄袁世凯，即丢下了皇冠和总统宝座，在全国人民的唾骂声中死去了。不得不说的是，这两位民初最擅长政治暗杀者的相继逝世，仅仅是民国政治混乱的开始。

“雄辩巴黎”——顾维钧

顾维钧是著名的“民国三大美男子”之一，也是享誉国际的外交奇才。他先后被北洋政府和民国政府任命为驻英、法、美等国大使，并曾在巴黎和会上为捍卫中国主权怒斥日本人，赢得极高声望。国民党迁台后，继续为其主持“外交事务”，退休后，他定居美国，过起了幸福的晚年生活。

顾维钧档案：

姓名字号： 顾维钧，字少川。英文名惠灵顿（Wellington）

籍　　贯： 江苏省嘉定县（今属上海嘉定区）

生卒年月： 1888 年 1 月 29 日—1985 年 11 月 14 日 卒年 97 岁

毕业院校： 美国哥伦比亚大学

最高职务： 北洋政府国务总理、国民政府外交部部长、海牙国际法院副院长

顾维钧简历：

1888年——1月29日出生于江苏嘉定（今属上海嘉定区）。

1899年——考入卫理公会的上海英华书院预科。

1904年——自费赴美国留学，入纽约库克学院。

1905年——考入哥伦比亚大学文科，毕业后攻读政治学研究生。

1909年——获硕士学位。

1912年——获法学博士学位。同年，任总统袁世凯英文秘书兼国务总理唐绍仪秘书，后兼任外交部秘书。

1914年——升任外交部参事。

1915年——参与中日“二十一条”交涉。同年，被任命为驻墨西哥公使，后调任驻美国公使。

1919年——代表中国就山东问题在巴黎和会上发言，驳斥日本要求。同年，拒签对德和约。

1920年——调任驻英国公使。同年，兼任国际联盟中国代表。

1922年——签署《解决山东悬案条约》和《九国公约》。同年，任王宠惠内阁外交总长。

1923年——任高凌蔚内阁外交总长。

1924年——任孙宝琦内阁外交总长，后任颜惠庆内阁外交总长。同年，签订《中苏协定》。

1926年——任颜惠庆内阁财政总长。同年，杜锡圭组阁，留任财政总长。10

月，代理国务总理兼外交总长。

1931 年——任国民党特种外交委员会委员。同年，任国民政府外交部部长。

1932 年——任国联李顿调查团中国顾问。同年，被委任为驻法国公使。

1936 年——任驻法大使。

1941 年——调任驻英大使。

1942 年——交涉英国对华 5000 万英镑贷款。同年，加入国民党。

1944 年——任中国首席代表，赴美国参加敦巴顿橡树园会议，商讨第二次世界大战战后事务和筹建联合国。

1945 年——任中国出席旧金山联合国制宪大会代表，并代理代表团团长，代表中国第一个在联合国宪章上签字。同年，任中国出席联合国第一届大会代表。

1946 年——调任驻美大使。

1956 年——被聘为“总统府”资政。

1957 年——当选海牙国际法院法官。

1964 年——当选海牙国际法院副院长。

1985 年——于纽约寓所逝世，享年 97 岁。

一、命运的宠儿

在民国高官中，几乎没有人比得上顾维钧的少年得志、官运亨通，他旺盛的桃花运，均成为顾维钧推动个人事业的有益助力，每一段婚姻的开始，都让顾维钧的官运更上一层楼，时人不得不承认，他是真正的命运宠儿。

1888 年 1 月 29 日，顾维钧出生在上海一幢老式住宅中，由于顾维钧的父亲顾溶（字晴川）因为失业没有了经济收入，顾维钧的母亲既要抚育两男一女，又要照顾年迈的婆婆，因而不想再添个孩子增加负担，就用草药打胎。

出乎意料的是，草药丝毫没有发挥作用，十月怀胎之后，顾维钧呱呱坠地。就在顾维钧出生的同时，顾维钧的父亲受聘于官办招商局担任帮账，顾家的经济状况立见好转，从此，顾维钧被看作顾家的“福星”。

顾维钧生来便是早慧的神童，他四岁入私塾启蒙，11 岁时开始随姐夫进入英华书院，接受新式教育。时值光绪末年，顾父入上海道尹袁观澜幕府，同在袁幕府供职的张衡山，有一种罕见的本领，就是能看相。他给道尹衙门中许多官员看过相，据说十分灵验。

当时袁观澜之子袁履登和顾维钧同在英华书院读书，两人关系很好，课后常一起在衙门里玩。张衡山说，这两个孩子都非等闲之辈，但袁履登面相不正，恐将来难有善终，结果后来沦为汉奸。又说顾维钧将来一帆风顺，富贵双全。

张衡山膝下有一娇女，与顾维钧年龄相当，张便托人做媒。当时张家境况较顾家好得多，况且张衡山又是袁道尹的姨表兄，顾家岂有不乐意之理。其时顾维钧 12 岁，张衡山的女儿张润娥 10 岁，便由双方家长订了婚。

顾维钧在英华书院毕业后，顾溶曾打算让他学习商业，并已经向一家钱庄讲妥。张衡山知道后极力反对，他认定顾维钧必可造就，乃资助顾维钧进入上海圣约翰书院。这是一所贵族学校，学资昂贵，张衡山为了培养未来的女婿出人头地，真可谓是不惜工本。

顾维钧在圣约翰毕业后，张衡山又卖掉一部分祖产，供他赴美留学。1904 年，顾维钧到达美国，先进入纽约州的库克学院读英语及预科课程，一年后考入哥伦比亚大学，主修政治学和国际外交学。课余，顾维钧参加“语言社”、“辩论会”等活动，主编《哥大旁观者》、《哥大人年鉴》，培养了敏捷的思维、风流的文采和雄辩的口才。同时积极参加各种社会活动，担任东部各州中国学生联合会主席，见识和眼界大为开阔。

四年后，在顾维钧读大学三年级的时候，父亲来信催他回家完婚。已受西方文明熏陶的顾维钧，直到这时才觉得父母包办的这桩婚姻极不理想，尤其未婚妻是一个有着一双三寸金莲的旧式女子，让他无论如何难以接受。但迫于父命，顾维钧只好回国完婚。

结婚后，顾维钧坚持不入洞房。新婚夜藏在母亲房中度过，后来被迫回到自己房中，却睡在沙发上，从此与妻子井水不犯河水，一直相安无事。晚年顾维钧回忆时，仍感慨地称赞张润娥宽容、忍耐和天真、纯朴。

顾维钧返回美国时，迫于父命只好偕妻同行。他把妻子当作亲妹妹，通过朋友把她寄托在费城一对慈祥的德国血统老夫妇家。让妻子和他们共同生活，补习英文。他自己回纽约上学去了。

1908 年冬，清政府特使唐绍仪访美，返国前夕，特邀 40 位留美学生代表聚

青年顾维钧

会。此举一为鼓励莘莘学子好好学习，将来报效国家；二为物色杰出人才，日后好引荐他们回国服务。顾维钧以《中国学生月刊》主编身份参加。此时顾维钧已崭露头角，在欢迎宴会上，自然而然成为学生团体的代言人。他精彩而简短的发言，受到唐绍仪和著名外交家伍廷芳、颜惠庆的一致赞赏。会后，唐绍仪私下接见了顾维钧，对他的发言表示了欣赏并予以鼓励。

1911 年辛亥革命爆发并推翻了清朝统治，但革命果实不久被北洋军阀窃取，袁世凯就任中华民国临时大总统。唐绍仪与袁世凯是拜把兄弟，私交甚笃，被任命为首届内阁总理。唐绍仪就职后，立刻向袁世凯举荐了顾维钧。当时顾维钧正在准备博士学位的答辩，他的论文《外国对中国政府的权利要求》刚刚写了一个序章，邀请他回国担任总统府英文秘书的信件就寄到了纽约。

以顾维钧的才华和成绩完全有条件留在美国，但他一心想报效祖国，为落后的祖国尽一份力。学业尚未完成，令顾维钧颇感为难。他和导师约翰穆尔商量，约翰穆尔看过他的论文序章后，告诉他说：单独的序章写得已经很好，可以作为博士论文来答辩。在导师的理解和支持下，顾维钧提前进行了论文答辩并获得通过，顺利拿到了博士学位，于 1912 年 4 月启程回国赴任。

顾维钧回国后即被委任为民国政府的总理秘书，负责处理总理与外国政府、外国友人的一切来往函电。这对 24 岁的年轻人来说，能受到这样的待遇，的确令人感到荣耀。

顾维钧不仅才华横溢年轻有为，而且相貌英俊风度翩翩，是有名的“民国三大美男子”之一。此间，顾维钧公余时间出入于达官贵人的娱乐场所北京饭店舞场，一个偶然的机会邂逅了唐绍仪的三女儿唐宝玥。

唐宝玥没有留过学，对留洋向往已久，所以她平时非留学生不交。顾维钧的相貌、风度与谈吐打动了唐宝玥的芳心。唐宝玥的美貌大方、温柔娴淑，以及高贵的气质，尤其是会英语、受过良好的西方教育，都令顾维钧怦然心动。

顾维钧思考再三，终于写信向有名无实的妻子张润娥提出协议离婚。顾维钧表示，离婚后张润娥可以继续留在美国读书，费用由他负担；也可以回国与他的父母共同生活，或者回娘家，其陪嫁及顾宅房间物品，她可自由掌管、支配。

张润娥接信后对一切均不表态。但顾维钧依旧草拟离婚协议，寄给张润娥征求意见。张润娥此时已在美国读书两年，思想已不像原先那么守旧，毕竟强扭的瓜不甜。数月后张润娥回国，两人晤面。张润娥表示，如果顾维钧要她在离婚协议上签字，她便签。顾维钧毕竟是个法律大家，为证明不是自己逼她所为，希望她亲手誊抄四份副本交给双方父母，各持一份。张润娥十分宽容和豁达，一切顺从照办，反倒令顾维钧多了几分内疚。

张润娥离婚后即落发出家，令其父痛悔万分，本以为为女儿选中了乘龙快婿，没想到害了女儿，不久张衡山抑郁而死。20年后的1933年，顾维钧再度出任国民政府外交部部长时，在上海得知张润娥生活清苦，特地写了一封信并附送五万元巨款以“赎罪”，被张润娥连信带款一起退回。

充满戏剧性的是，顾维钧与张润娥离婚后，将他与唐宝玥的婚期定为1913年6月2日，当顾府正在紧张筹备喜事的时候，唐绍仪突然通知他们的婚礼改期。原来，唐绍仪自正室早前亡故，是年经伍廷芳搭桥，与上海某洋行买办家的小姐联姻，日子也正好定在这一天，且地点也选在公共租界体育场公园（今虹口公园）。父女两人同日举办婚礼，必然会令社会各界哗然。顾维钧欣然从命，另择婚期。

有趣的是唐绍仪字少川，顾维钧后来也将字易为少川，创造了一个翁婿同名的趣话。由此可见，顾维钧对唐绍仪的知遇、奖掖和擢拔充满感激之情。从此，顾维钧在北洋军阀政府中的政治地位更稳固了一层，两年后，27岁的顾维钧出任驻美国公使，成为当时中国最年轻的使节。

二、巴黎和会一鸣惊人

1914年第一次世界大战爆发后，英德法俄相继投入欧洲战场，无暇东顾，日本乘隙扩大在华势力，于11月占领青岛，接管了德国在山东的权益。对德战事结束后，日本不但没有如先前所说从中国撤军，反而在1915年1月向袁世凯提出臭名昭著的“二十一条”并要求袁世凯保守秘密，否则将对中国采取军事行动。袁世凯一时没有主张。陆军总长段祺瑞却说，只要总统下令抵抗，中国军队可以抵抗日军48小时。

此时顾维钧认为，中国需要外来的支持，应利用世界各国同日本的矛盾，特别是美日、英日的矛盾。他建议将"二十一条"公诸于世，因为中国的保密承诺是在被威胁的情况下做出的，没有必要遵守。

在总统和外交总长同意的情况下，顾维钧便在英美公使之间求得同情，不久外国报纸刊载了"二十一条"内容，以及顾维钧揭露日本行径的文章，引起国际反响，对日本构成了压力。顾维钧在中日问题上的看法，以及在这次外交中所表现的不凡勇气和才能，引起外交部的高度重视，为以后参加巴黎和会和华盛顿会议谈判中日问题奠定了基础。

1918年，第一次世界大战结束，巴黎和会即将召开。当人们陶醉在胜利的喜悦之中时，顾维钧却遭受了有生以来第一个沉重的打击。

顾维钧与唐宝玥结婚后感情笃深，并很快有了一儿一女，顾维钧活跃于美国朝野人士之中，唐宝玥除照顾小家庭和孩子外，作为外交官夫人，为襄助丈夫的事业不遗余力，常常出席各种交际活动。

1918年10月，某日，美国有两大盛会同日举行，一在华府，一在费城，顾维钧分身无术，便让夫人选择一地代表自己出席。唐宝玥心疼丈夫忙于公务，主动要求去路途遥远的费城。当时爆发了一场席卷全球的疫病——西班牙流感，唐宝玥在返回途中不幸染病，回到华盛顿后已感到体力不支，但仍强打精神赴会应酬，然后便病倒了。由于当时医学尚不发达，两天后唐宝玥便撒手人寰。

这个打击来得太突然了，令顾维钧整个身心如坠深渊，一时产生了有缘无福的宿命与悲哀。但巴黎和会召开在即，他必须从悲痛中振作起来，才能从容赴会，不辱使命。料理完亡妻后事，顾维钧又立即返回了美国。1918年12月，顾维钧在启航飞往巴黎前，专程拜访了美国总统威尔逊，威尔逊许诺支持和帮助中国，这让顾维钧对即将开幕的和会多了一份信心和期望。

1918年12月4日，顾维钧抵达巴黎，首先遇到的是和会席位问题。会议将各个国家划分为三等，一等的五个大国分别为英、美、法、意、日，各国分别有五个席位；其他一些国家三个席位；一些新成立、新独立的国家只有两个席位。中国被划为最末一等，只能有两个席位。北京政府任命的代表共五人，分别是外交总长陆征祥、驻美公使顾维钧、南方政府代表王正廷、驻英公使施肇基、驻比公使魏宸组。由于英、法阻挠，顾维钧四处奔走争取席位无果，五位代表只能轮流出

顾维钧在巴黎和会上

席会议。

中国准备向和会提出收回山东权利问题，但日本先发制人，率先在五个大国的“十人会”（“十人”包括美总统与国务卿，英首相与外相，法总理与外长，意首相与外长，日西原寺亲王与代表）上提出德国在山东的权益应直接由日本继承，妄图在没有中国代表参加的情况下获得会议通过。对此，美国代表没有顺应日本代表的意图，而是表示应该听取中国方面的说明。于是，“十人会”决定邀请中国代表出席当天下午的会议。

这是关系到山东省命运和国家领土主权完整的重大问题，按照国际惯例应由第一代表团团长陆征祥亲自参加。但陆征祥只会法语不会英语，而大多数与会代表只懂英语，这显然不利于各国代表了解事情真相，不利于取得各国代表的支持。其他代表或是不足以担此重任，或是为个人名利着想不愿意参加辩论，在这关键时刻，顾维钧站出来承担这副重担。

1919 年 1 月 28 日，和会举行五国会议，讨论山东问题。日本代表牧野提出德国原在山东的一系列侵华权益应无条件让与日本。顾维钧针对日本代表的无理要求，慷慨陈词，指出中国作为主权国和战胜国，依据国际间的基本准则，完全应该收回本国的领土主权。他强调：“胶州租借地胶州铁路及其他一切权利，应直接交还中国。青岛完全为中国领土，当不容有丝毫损失……且中国对德宣战之文，业已显然声明中德间一切约章，全数因宣战地位而消灭。约章既如是而消灭，则中国本为领土之主，德国在山东所享胶州暨他项权利，于法律上已经早归中国矣。”

接着，他又从经济文化、历史地理等方面阐述山东是中国不可分割的一部分，并说：“西方出了圣人，他叫耶稣，基督教相信耶稣被钉死在耶路撒冷，使耶路撒冷成为世界闻名的古城。而在东方也出了一个圣人，他叫孔子，连日本人也奉他为东方的圣人，牧野先生你说对吗?”

牧野不得不承认：“是的。”

顾维钧微笑道：“既然牧野先生也承认孔子是东方的圣人，那么东方的孔子就如同西方的耶稣，孔子的出生地山东也就如耶路撒冷是东方的圣地。因此，中国不能放弃山东正如西方不能失去耶路撒冷!”

顾维钧的据法引典，陈情说理，掷地有声。发言一结束，美国总统威尔逊、英国首相劳合·乔治和法国总理克里孟梭——巴黎和会的三巨头一齐走上前和顾维钧握手，对他的发言表示祝贺，并说整个发言是对中国观点的卓越论述。

在顾维钧的雄辩面前，日本代表完全处于劣势。这是中国代表第一次在国际讲坛上为自己国家主权所做的成功演说，在中国外交史上地位非凡，顾维钧也因此在国内外一举成名。这次雄辩暂时扭转了中国方面的被动局面，形势对中国本来十分有利，然而到了4月，变化陡生。因分赃不均，意大利在争吵中退出了和会。日本借机要挟：如果山东问题得不到满足，就将效法意大利。为了各自的利益，几个大国最终决定牺牲中国的合法权益，先后向日本妥协，并强迫中国无条件接受。这一事件成为点燃五四运动的火种。

面对如此现实，代表们心灰意冷，有的代表离开了巴黎，团长陆征祥住进了医院。和会最后一段时间里，顾维钧独自担当起了为中国做最后努力的职责，一直坚持到和约签订前的最后一刻。

然而，无论顾维钧如何努力，中国的正当要求均一再被拒绝。保留签字不允，附在约后不允，约外声明又不允，只能无条件接受。如此情况下，顾维钧感到：退无可退，只有拒签，以表明中国的立场。

1919年6月28日，当签约仪式在凡尔赛宫举行时，人们惊奇地发现：为中国全权代表准备的两个座位上竟然空无一人!

顾维钧与代表团商议拒绝签字，表现出了高度的爱国主义热忱。这次拒签是中国近代外交史上一个重要的里程碑，中国第一次坚决地对列强说“不”，终于打破了自清末以来“始争终让”的外交局面，在国际关系中产生了深远的影响。这也是中国外交胜利的起点。

顾维钧本人因在巴黎和会上的突出表现，被誉为“青年外交家”。巴黎和会之后，顾维钧被任命为驻英公使，兼任国联行政院中国代表，参与拟定国联公约。1921 年 10 月，顾维钧以施肇基率领的中国代表团团员身份出席华盛顿会议，此次中日交涉最高由顾维钧负责。1922 年 2 月，顾维钧与日本代表签订了《解决山东悬案条约》及《附约》，为中国后来收回山东权益和胶济铁路打下了基础。

三、官场不倒翁的传奇

华盛顿会议结束后，1922 年 5 月，顾维钧偕同第三任夫人黄蕙兰回国。

黄蕙兰是“亚洲糖业大王”黄仲涵的女儿，黄仲涵为印尼华侨第一巨富，后来去世时积财 500 万镑。黄蕙兰相貌一般，但华美的衣着、贵重的首饰，把她打扮得高贵性感。其前夫是英国的一位爵士，于婚后不久逝世。巴黎和会结束后，顾维钧作为国联中国代表常赴欧洲出席会议，在伦敦的社交场合与黄蕙兰相识。尽管黄蕙兰对他十分满意，他却不满意黄蕙兰的容貌。黄蕙兰坦白地对顾维钧说：“我的金钱力量，可以保证你事业的成功，我们来开始合作吧。”

顾维钧仍旧有些犹豫，翌日他找了一位英伦有名的星卜家，出了一个金镑的酬劳，占卜这门婚姻的后果。卦占结果显示：佳偶天成，大吉大利。顾意始决，于是二人在伦敦结婚，时人称为“一镑缘”。

对于这场婚礼陪嫁的豪华程度，许多参加婚礼的人都印象颇深，仅 36 件套的金质餐具便花了一万英镑，贵宾参加中国公使的堂皇宴会，无不啧啧称赞。

回国后，黄蕙兰用父亲赞助的 25 万元巨资，买下北京铁狮子胡同内一所华丽大宅，此宅为吴三桂为宠妾陈圆圆所置故居。夫妻住进大宅，家佣20余名，可谓风光至极。

时值第一次直奉战争，顾维钧呼吁停战以共同对外。1922年8月，在各派系斗争中王宠惠组阁，顾维钧升任外交总长。此后北京政局此起彼落，各届内阁频繁更换，顾维钧从1922年到1928年在七届内阁中出任外交总长（1924年至1926年间约有一年半的中断），并两次代理内阁总理，一次实任内阁总理和北京政府三人摄政之一。

在这期间，顾维钧参加了对苏谈判、“金佛郎案”、“参战结款案”、“临城劫车案”等一系列外交谈判工作，在这些谈判中，他坚持国家主权完整的原则，竭尽全力维护国家和民族的利益与尊严。

临城劫车案是一件险些引起外国出兵中国的事件，顾维钧通过外交途径，较为合理地予以解决。1923年5月6日，一列自浦口至天津的直达列车在临城被中国匪徒所劫，车上19名外籍旅客和200多名中国旅客被劫持，其中一名英国公民被枪杀。

当时的驻北京外交使团联合向北京政府提出严重抗议，并提出极不公正的照会，其内容为解决问题的条件、赔偿要求和避免发生类似事件的保证，其条件之苛刻，严重损害了中国主权和尊严。英国公使以武力相逼，要求对中国铁路进行国际共管。

顾维钧一方面拒绝外交使团的不合理要求，另一方面抓紧督促劫车案的迅速解决。经过四个月的交涉，顾维钧于9月24日答复了外国使团：一、临城劫车案，与政府无关，受害者可得到一部分经济补偿，但不是中国政府的道歉赔偿；二、中国政府自定和加强对铁路治安的管理，但根本谈不上国际共管；三、惩处失职官员及内政，与外国毫无干系。在这个中外冲突事件中，顾维钧的原则性和外交技巧发挥了作用，使外国使团无隙可乘。被劫人员全部获释后，中国政府做出了一定数额的赔偿，此事件得以顺利解决。

1924年10月，冯玉祥发动北京事变，顾维钧辞职并逃到天津租界。当时报端传说顾维钧是化装为女人而逃离北京的，顾维钧予以否认。此后一年多，顾维钧与夫人过起隐居生活，没有参加政治活动。1926年5月颜惠庆组阁，顾维钧回北京任财政总长。10月任代理内阁总理及外交总长。

顾维钧上任伊始，即中国与比利时于1865年所签订不平等条约到期，为维护国家主权，中国政府于11月6日郑重宣布，中国与比利时于1865年11月6

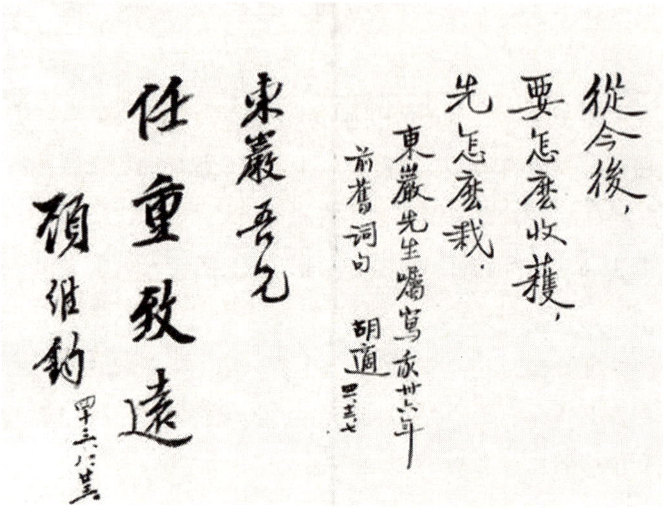

顾维钧书法

日所订之不平等条约到期，不再延长。此举为后来修改不平等条约的运动提供了样板。

1927年张作霖不顾国际公约，派兵进入苏联大使馆搜捕共产党人，顾维钧于6月两度辞职抗议，隐居西山。1928年6月国民党北伐军逼近北京，顾维钧跟随张作霖乘坐专列退往东北，但到天津时顾维钧下了车，专列行至皇姑屯被日军炸毁，张作霖重伤身亡，顾维钧因此幸免于难。不久，国民政府以顾维钧为军阀服务为由，下令通缉“反动政客”顾维钧，顾维钧遂携家眷逃往法国、加拿大。

顾维钧历经袁世凯、黎元洪、冯国璋、徐世昌、曹锟、段祺瑞、张作霖各期北京政府，以及各届内阁，总能身居要职，在各派斗争中始终站得稳，兜得转，可谓官场“不倒翁”。究其原因，有人说是金钱发挥了作用，认为顾维钧对台上台下各方面都以“和稀泥”的态度应对，与各方面都有拉扯，对一时失败者予以接济，若失败者重新上台，便可得到重用。

后来顾维钧要出面组阁，事前有人问章士钊：“顾少川要组阁，你看可能成为事实吗?”章士钊很痛快地回答：“以顾夫人的多金，少川要当总统也不难，岂仅一个国务总理!”未几，顾维钧果然组阁。

事实上，顾维钧对台上台下这些人物以及一些拥兵军人评价都不坏，一是感激他们的知遇之情，二是顾氏认为这些人物都是以不同的方式爱国家。而真正使顾维钧立于不败之地的，还是他的外交才干、学者风度和超党派影响力。顾维钧一向以对外大局为重，稳健自重，周旋有方，具有政治家的独特风范，故能长立政坛。

后来有人问及他何以在北京政府的权力处于风雨飘摇中而不倒翁似的左右逢源，官运亨通？他回答说：“答案很简单，我从不介入派系利益之争。我的活动纯以国家民族利益为依归。凡是有益国家的事，我必尽绵薄之力。反之，有害的事，我宁愿挂冠而去。”

1929年顾维钧回国，至沈阳与张学良协政。此前蒋介石曾派张群、方本仁向他传话，说关于他的被通缉，“是胡汉民干的，不必以此介意，实不足轻重。倘我在南京，必不至此。”张学良劝请蒋介石取消对顾维钧的通缉，发还他的财产，南京政府遂对顾维钧“既往不咎”。

顾维钧对日本素有警惕，辅佐张学良时，劝他对日要强硬，但张学良遵从蒋介石“攘外必先安内”的政策，同时为了保存东北军实力，在1931年九一八事变中一枪未发便退出关外。而此时，蒋介石还在江西“剿共”，不知日本侵略者的全面战略。事实上，当时仅东北军兵员便几乎与日本全国兵力相等，而国民党军队几乎是日本当时的关东军的10倍。毫不抵抗地退出，使关东军轻易地占领了东北，日本侵略者的野心因此更加膨胀，也使国际上更加看不起中国。

九一八事变后，南京政府的外交部部长王正廷被民众舆论轰下了台，蒋介石同张学良商量，要顾维钧前往南京任职，并派飞机前去迎接。顾维钧就任南京政府外交部部长后，即提出设立“锦州中立区”的缓兵之计，为全国民众所不容，不久被迫下台，转任“东北收复失地委员会”委员长。

四、亲历抗战与内战

1932年1月12日，国联行政院任命英国人李顿为团长的调查团来到中国，调查由于日本在东北的侵略行为所形成的“满洲问题”，顾维钧作为中国代表参加调查团。由于顾维钧坚定的爱国态度和巨大的国际影响，日本当局十分害怕顾维钧作为中国代表去满洲，千方百计予以阻拦，并以暗杀相要挟。顾维钧则表示：“如果生命遭到不测或为国牺牲，我认为这是一件极大的光荣。”

顾维钧在东北与日本侵略军头子本庄繁斗智斗勇，依靠当地爱国人士的帮助，巧妙地躲过了日本特务的暗杀，很好地协助调查团完成了工作，并于2月8日为调查团起草了一个日本侵华长篇备忘录，揭露日本的侵略罪行。

1932年顾维钧出任驻法公使到达巴黎，直到1949年，顾维钧都在驻法、驻英、驻美和驻国联、驻联合国的大使或代表任上。整个抗日战争中，顾维钧对国家贡献巨大。作为国联行政院的中国代表，在日内瓦国联听证会上，顾维钧力陈日寇在东北制造的侵略事实，就东北问题继续与日本展开交涉。

经过几个月的努力，国联通过了关于满洲问题的报告书，使中国对东三省的主权得到确认，而且得到各会员国承诺，在法律上或实际上都不承认满洲国。但由于英法无意制裁日本，因而仅凭这一纸报告书无法让日本撤军。也就是说，报告书虽然达到了中国向国联呼吁的最高目标，但如果中国不依靠自己的行动捍卫自己的领土，报告书只能是一张废纸。

而当时，南京政府正忙于内战，实行蒋介石的“攘外必先安内”的反动政策，根本无意对日本侵略者进行武力抵抗，只是一味妥协退让，使顾维钧的外交努力付诸东流。

1933年5月，南京政府又接受了日本的屈辱条件，签订了丧权辱国的《塘沽协定》，日中之间实现了停火，顾维钧的工作重点不得不从争取国际社会对日本的制裁，相应地转变为争取国际社会对中国的支持和经济援助。

抗战全面爆发后，顾维钧在国外特别注重收集日本与其他国家外交关系的情报，力争列国扩大对华援助。同时在国外购买抗战急需的物资、招募飞行员，为中华民族的反侵略战争做出了特别的贡献。

此间中国与其他反法西斯盟国合作的大部分谈判都有顾维钧参与或主持，英、美、苏盟邦对华援助的很多款项，都是经顾维钧和其他外交官努力争取游说而得来的。他在各国政治家和外交官中有广泛的个人交往，他充分运用这些“私交”为“国交”服务。

此外，顾维钧充分利用各种场合宣传中国抗日的正义性。1941年以前各国对日姑息妥协，中国独立抗日。为了争取国际支援，顾维钧在集会、广播和外交场合下，多次发表演说、演讲，充分发挥其无比之辩才，为争取美欧朝野尽早放弃“绥靖”政策奔走呼号。直到反法西斯统一战线建立后，顾维钧仍在盟国之间穿梭往来，不停地为中国抗战竭尽一个外交官的最大努力。

从1941年至1946年，顾维钧在驻外大使任上曾三度回国，三度赴美。每次回国都要在重庆住几个月，汇报工作，以及听取蒋介石的意见，制订下一步工作计划。

蒋介石对顾维钧礼遇有加，有一次约他同赴黄山，其间两人步行了一个半小时，边走边谈，表现亲切随意。在送顾维钧就寝时，蒋介石亲自到房中并检查床褥，而出门时必喊人帮助顾维钧穿大衣并备汽车，对顾维钧的招待可谓殷勤备至。在谈话中，顾维钧有什么意见时，蒋介石必从抽屉中拿出纸笔记下。顾维钧认为蒋介石是受宋美龄西方习惯的影响，其实不然，蒋介石当时迫切需要西方外援，此举不过是对顾维钧的笼络手段罢了。

但顾维钧对国民党的独揽外交大权颇有些不满，在他后来的回忆录中委婉地抱怨说，在该党专政之下职业外交家“主动之机会极少”。在为国民政府争取外援时，断乎不知哪些物资会用于内战，哪些是用来打击日本侵略者的。

在驻法大使任上，顾维钧做的是国民党的官，但在巴黎很少接近国民党驻法的负责人。西安事变时汪精卫恰好在意大利，特约顾维钧去商量今后的事宜，想听听顾维钧对西安事变的看法，便问：“蒋先生还有没有出来的可能？”顾维钧说：“有此可能。”汪精卫听了非常惊讶，但却不再往下问了。

顾维钧在重庆谈起这件事时说，汪先生之所以不谈下去了，是因为他断定蒋先生没有“出来”的可能，即使“出来”也是威信扫地，再不足以号令天下。顾维钧之所以认为蒋介石在西安事变中有可能“出来”，是由于他和张学良曾相处日久，了解甚深，他的话是根据张学良为人处世原则推测判断出来的。后来汪精卫乘船回国的第二天，蒋介石就回到了南京。

由于顾维钧在外交界的崇高威望以及对中国政治的巨大影响力，汪精卫叛国后，企图拉顾维钧加入他所组织的卖国内阁，顾维钧对此极为愤慨，予以严词拒绝，并指出这一行动的实质是“挑起中国人打中国人的战争，并为日本人征服和长久统治中国铺平道路。”

1943年10月，美、苏、英、中发表莫斯科宣言，计划建立一个普遍性的国际组织。1944年9月，美国邀请苏、英、中集会敦巴顿橡树园，这个会议提出了战后建立一个国际组织——联合国。顾维钧率团出席了会议。

在这次会议上，苏联认为中国不足以称为强国，英国也有同感，但美国肯定了中国在“二战”中的贡献，对中国表示了支持。顾维钧作为国际组织和国际法权威，竭尽全力为中国争得作为强国的发言权。在联合国设置、表决程序、权力与分配等问题上，美、苏、英三国存在分歧，顾维钧常居间调停。

在 1945 年 3 月的旧金山制宪会议前夕，顾维钧主张代表团应具有广泛的代表性，应摒弃内政上的歧见，包括各党各派的代表，力主共产党派代表参加中国代表团，以显示中国一致对外。但是要使一个共产党人参加到代表团里的想法，是旧金山最不能接受的。顾维钧则直接提出请董必武做中共代表，此前在巴黎他曾与董必武有过一面之缘，印象极佳。董必武通晓国际事务，和蔼可亲善于辞令，是非常合适的人选。最终，在罗斯福总统的支持下，董必武被任命为共产党的代表出席旧金山会议。

会议期间，董、顾配合默契，凡有建议或提出问题，董必武都与顾维钧商就，顾维钧无形中成了非国民党人士的联络官。在这次由中国不同党派、无党派和学者组成的代表团参加的旧金山制宪会上，没有出现巴黎和会、华盛顿会议时中国代表团内部的大分歧，也有顾氏从中协调的功劳。

关于顾维钧对联合国制宪会议的贡献，美国当时的国务卿斯退汀纽斯称其“在各种委员会讨论微妙问题时，善能运用机智，贡献殊多”。杜鲁门总统在会议结束时，重复了其国务卿对顾维钧的赞语。1945 年 6 月 25 日，在旧金山退伍军人纪念堂举行的签字仪式中，顾维钧代表中国第一个签字，使中国成为联合国四大发起国中第一个在联合国宪章上签字的国家。旧金山会议后，顾维钧任联合国筹备委员会的中国首席代表。

在解放战争时期，顾维钧调任驻美大使。他深知这一时期中美关系的意义，并已经意识到国民党在中国大陆的前途，他对自己这一时期服务于一个形象不好的政府而颇有烦言。而且美国对蒋介石从不完全信任，蒋介石对美国用美式民主标准衡量国民党也很不满意。但作为国民政府的外交官，顾维钧为协调这种矛盾做出了努力，并尽力发挥其影响力为国民党争取美援。

在 1948 年国民党政府向美国提出三年内提供 30 亿美援的要求中，顾维钧发挥了重要作用。其后，他为国民党争取通过美国调处与中国共产党和平解决而努力，但最终无果。

五、出任海牙国际法官

1949年，国民党政权在中国大陆的统治已进入最后期限，顾维钧也迎来了他职业生涯中最尴尬、最无奈的时期。1948年年底中国共产党公布了一份战犯名单，顾维钧榜上有名，已令他不胜悲哀，而国民党政府大势已去，他还要为这个扶不起的阿斗继续奔走效力，承受他国的冷漠和不屑，令他十分难堪与无可奈何。

顾维钧在回忆中写道：“回顾往事，这实在是我最为困窘的日子。一切来自中国的消息都是那么令人沮丧，而我仍要工作，在美国政府颇不友善的态度下为国家尽心尽力。”

顾维钧为国民党到处奔走效力，他恳请美国政府指示驻华大使司徒雷登留驻广州，又恳请美国拨款帮助国民政府稳定军心应对财政赤字，可美国的冷淡回绝令他心灰意冷。

不只是美国让顾维钧失望，如果说苏联、匈牙利、保加利亚等社会主义国家甚至挪威、丹麦、芬兰、瑞典、瑞士、巴基斯坦、以色列、阿富汗等诸多国家先后宣布承认中华人民共和国尚在顾维钧的意料之中，那么印度宣布承认中华人民共和国，并且不给国民政府哪怕是道义上的支持让顾维钧深受打击，而英国向中华人民共和国总理发出承认书也让顾维钧感到万分难堪。

顾维钧曾在日记里记下当时孤单和尴尬的情况：“我觉得向外交使团人员致意时，现在要加倍小心，这么多国家承认中共政权，在社交或公共集会上不论我问候他们的大使还是他们向我致意都是不妥当的，这不是个人问题，而是涉及个人所代表的国家，这在外交界是关系重大的。”

然而，在这种情况下，顾维钧仍旧为巩固国民党政府，争取美国支持四处奔波，他甚至联合胡适、蒋廷黻企图在台湾组建一个国民党的反对党——自由党，以促成两党制，改变蒋介石统治集团的独裁形象，博得美国人的好感。可是蒋介石怎

国际法庭大法官顾维钧

么会容许别人在台湾分享他的权力呢？这个计划注定以失败告终。

1954 年 9 月，美国国务卿杜勒斯访台期间，中国人民解放军炮轰金门，以示“礼敬”。这一炮不仅震动台湾当局，也将美国军政高层炸成了两派。在美国国家安全委员会会议上，美国军事领导人中，一派认为美国应该使用军事力量阻止中共占领金门，一派认为由美国给予台湾一定的援助为上策，即美国出钱出枪，台湾出人出力。

在此情况下，美台双方开始了共同防御条约的谈判。台湾派出“外交部部长”叶公超和顾维钧与美方代表饶伯森进行谈判，这次谈判使台湾丧失了独立的地位，也就是说，台湾对中国大陆采取的任何军事行动，必须取得美国的同意，甚至台湾的军事部署及调动也必须事先与美国商量，经美国同意后方可实施，顾维钧的一番努力使台湾成为美国军事部署上的一颗棋子。

1954 年 4 月 26 日至 7 月 21 日，苏、美、英、法、中五国外交会议在瑞士日内瓦国联大厦举行。而代表中国出席“五强会议”的，只能是中华人民共和国。4 月 24 日，中华人民共和国政务院总理兼外长周恩来率领 300 多人的大型代表团抵达日内瓦，参加讨论如何和平解决朝鲜问题和关于恢复印度支那和平问题。日内瓦会议是中华人民共和国首次以五大国之一的地位和身份参加讨论国际问题的一次重要会议。中华人民共和国国际地位的提高对台湾当局来说无异是当头一棒。

其间，顾维钧一面指示出席国际卫生组织会议的台湾代表郑宝南搜集情报，一面拜访美国助理国务卿饶伯森，期望美国能采取行动来尽量抵制中华人民共和国日益扩大的政治影响。但一位菲律宾记者拜访顾维钧时一句客观的评论，让顾维钧顿觉心灰意冷：“国民党‘中国’在日内瓦完全被忘掉了”。

偏居一隅的国民党政权与中国大陆蒸蒸日上的中华人民共和国的国际形象与地位形成鲜明对照，顾维钧深知，他为之服务的这个旧式政权已经到了穷途末路，他本人的外交生涯也将宣告结束。其实，在美国饱受煎熬的顾维钧早已萌生去意。

1956 年，顾维钧收到蒋介石要他赴台议事的电报。回想起两年前国民党在纽约所办的一份中文报纸所言“顾维钧老矣”的话题，想起一年半前奉召回台时蒋介石曾征询他是否愿意出任“考试院院长”一事，顾维钧意识到辞职的时机到了。

回到台湾，顾维钧诚恳地对蒋介石说：“我已像一匹老马，体衰力竭了”。希望由年轻人来接替他的工作，而蒋介石也没有表示挽留。返美之前，顾维钧又对蒋介石做了一次礼节性拜谒，这一次，蒋介石没有像以前那样送他出门并把他送上车，只是把他送到会见厅的门口便返回了，蒋介石是不会对一个已经失去利用价值的人优礼有加的。

事后，蒋介石又通过张群之口，委任顾维钧为“总统府”资政。就这样，68 岁的顾维钧告别了华盛顿双橡园，结束了 10 年驻美使命，也告别了自己长达半个世纪的外交生涯。他在纽约郊外的佩勒姆庄园租了一所房子，那里草木葱茏，空气清新，流水潺潺，鸟语花香。他准备在这里过一段隐居生活，享受一下大自然的美好时间，使奔波了几十年的身心得以调整和放松。

这时的顾维钧准备做三件事情：疗养度假，以消除长期紧张工作带来的疲劳；写作和研究；开设事务所，提供法律咨询，解决生计问题。

在他尚未着手去做这些事的时候，来自台湾的叶公超的电报便送了另一个消息，一个足以打乱他的计划的消息。叶公超在电文里希望他同意竞选一个新的职位：联合国国际法院法官，以递补由于中国籍法官徐谟在荷兰去世所遗留的空缺。国际法官地位尊崇，待遇优厚，顾维钧欣然同意。

在安理会的选举中，顾维钧凭借以往的国际威望和老朋友杜勒斯的帮助，经过多轮投票，终于以多数票顺利当选为国际法院的法官，并于 1957 年 4 月开始就职。到1958年2月徐谟遗留的任期结束后，顾维钧再一次竞选法官，这次在第一轮投票中顾维钧就获得了绝对多数票，确保了在国际法院中连任九年的法官职位。

1959年5月13日上午11时，国际法院为顾维钧举行就职仪式，就职仪式非常隆重，成为顾维钧一生中最辉煌的一天。1964年，顾维钧又被选为国际法院副院长。在海牙法庭10年任职期间，顾维钧工作出色，共参与处理了17项案件，提出了两项咨询意见，参加了200多次会议。

顾维钧从外交生涯开始以来，便养成了写日记的习惯，每天都坚持记下工作中的要事，上到国际政治事件，下到生活琐事，从不间断，即使有时公务繁忙实在无暇动笔，也会在之后抽空补齐。顾维钧还保存有历年外交档案副本，包括给当时政府的报告、政府训令和他与英、法、美等国政要及工商界巨子的谈话、演讲稿、剪报、秘密卷宗，等等。这一切，都给顾维钧撰写回忆录提供了便利。

在海牙国际法院任职期间，从1960年开始，在其母校哥伦比亚大学的帮助下，顾维钧开始了回忆录的撰写工作。但每年他只有三个月的假期进行这项工作，到1966年从海牙法院退休以后，这项工作才得以全面展开。在回忆录撰写的17年里，共有两位博士、五位打字员、两位庶务员帮助顾维钧进行这项工作。

这部外交史学巨著的撰写程序是：先由顾维钧本人重温一遍过去的日记、文件，参考必要史料，在慎重的思考之后再口述录音，再由助手整理成文，最后由他自己修改定稿。哥伦比亚大学校长麦基曾对《顾维钧回忆录》这样评价："顾博士的回忆录不仅有极详细的记述与评论，更有极高的文献价值。因为他在政治、外交、国际公法各方面都有崇高地位，他是哥伦比亚大学杰出的老同学。"

六、顾维钧的幸福晚年

顾维钧有过四段婚姻，在这四段婚姻中维持时间最长的，便是他与第三任妻子黄蕙兰的婚姻。应该说，在顾维钧与其结婚后的近40年外交生涯中，黄蕙兰给了他巨大的帮助。

黄蕙兰精通几国语言，与顾维钧结婚后便一直活跃于国际政坛上，处处都能为丈夫助一臂之力。顾维钧晚年回忆说：“她很帮忙，昔在巴黎时，帝俄时代的王公伯爵都逃亡法京。他们虽失政权，但在法国的高级社会里拥有势力。她喜欢和他们结交，并以此自傲。在使馆里常三日一小宴，五日一大宴地招待他们。”

为了树立中国人的形象，黄蕙兰不仅把自己打扮得珠光宝气，还把顾维钧从头到脚彻底重新“包装”，外表上从发型、穿着入手，社交手段上从跳舞、骑马教起；并斥巨资把破旧的中国驻巴黎使馆修葺一新。

她说：“法国，以及别的国家，在很大程度上要根据维钧和我的表现来确定他们对中国的看法。我们是中国的橱窗。”此话绝非夸张。一次来使馆访问的中国官员称颂顾维钧的外交业绩时，宋美龄指着黄蕙兰说：“别忘了大使夫人起的重要作用呀!”曾与顾维钧夫妇有着深厚友情的外交官袁道丰也坦言：“老实说，在我国驻外大使夫人中，最出色的大使夫人要以黄蕙兰为首屈一指了。”

但顾维钧与黄蕙兰毕竟有着不同的出身背景，黄蕙兰父亲的富有使她养成了挥金如土的习惯。尤其面对黄蕙兰一身的珠光宝气，顾维钧多有苛词：“以我现在的地位，你戴的为众人所欣羡的珠宝一望而知不是来自我的。我希望你除了我买给你的饰物，什么也不戴。”

黄蕙兰却不以为然，她有自己的道理，她说：“这将有助于使他们理解中国不能忽视，我们并非如他们所想象的来自落后的国家。我们来自有权受到重视的国家。”

黄蕙兰依然我行我素，不改骄奢之习，养狗、饲鱼、赌博、收藏古玩，游戏人生。黄蕙兰尤其喜欢养狗，竟一口气养了 40 多只。在顾维钧的外交生涯中，对黄蕙兰在经济上给予的支持，顾维钧深怀感激，但由于工作繁忙，他对黄蕙兰的关心却似乎成为空白。多年来养成的习惯似乎都是黄蕙兰对他生活的照顾，特别是对他的衣着、行头的关注，而两人私下里的情感交流几乎被忘却了。

黄蕙兰毕竟不是贤妻良母型女性，这使她有了颇多的怨言和不满。1956 年顾维钧从台湾“驻美大使馆”岗位上退休后，黄蕙兰向 68 岁的顾维钧提出了离婚，两人共同生活 37 年后平静地分手。

1959 年，顾维钧第四次结婚，妻子严幼韵是他外交界朋友的遗孀，两人已相识 20 多年。严幼韵出身上海富商家庭，早年为复旦大学的“校花”，是位时尚新女性，同样也是国际社交场上的名流，她的第一任丈夫杨光泩是普林斯顿大学国际法

顾维钧夫妇合影

博士，留美时也曾任《中国学生月刊》主编，只不过比顾维钧晚 10 年。杨光泩 1927 年回国后曾担任过清华大学的教授，后又进入外交界，与外交总长顾维钧接触较多，彼此交谊颇深。

第二次世界大战期间，杨光泩出任驻菲律宾总领事，不久，日军占领了马尼拉，杨光泩以身殉职。

顾维钧与严幼韵结婚后，两人共同语言颇多。而且严幼韵善于理家，精于治家，是一位好客的女主人。在严幼韵的精心照顾下，顾维钧晚年过着“不忮不求，不怨不尤，和颜悦色，心满意足”的生活。顾维钧的长子顾德昌曾感动地说：“如果不是她（严幼韵），父亲的寿命恐怕要缩短二十年。”

顾维钧晚年在谈到长寿秘诀时，总结了三条经验：“散步，少吃零食，太太的照顾。”

顾维钧有自己的一套养生之道。他曾说：“有人把睡与醒截然分开，认为‘醒’才是人生，睡着了浑浑噩噩南柯一梦，属于非人生。这实在是非常不确切的，‘睡’也是一种重要的人生。我这一生就非常注意睡。我认为，要保证醒时的理性和工作效率，‘睡’，可以算得上是人生第一要务。”

严幼韵在照顾顾维钧的日常起居生活时，为了让他睡得舒服，就很注意安排他的卧室和寝具，床铺高度以他上床时不费力、下床时伸腿可够着鞋为度；而床铺长度超过顾维钧身长 30 厘米左右。顾维钧睡的是木板床，上面铺六至九厘米厚的垫子，厚的棉垫能适应睡眠者的身体表面曲线的需要，保持脊柱的正直和正常的生理弧度，对睡眠、健康都有好处。

严幼韵选择枕头也颇费了一番苦心。首先不能让顾维钧睡高枕头，因为仰卧时枕头过高，犹如站立时的低头位，颈部过于屈曲而压迫动脉，会妨碍血液循环；侧卧时枕头过高，会使同侧肌肉、韧带疲劳、松弛而造成肢体麻木、疼痛及运动障碍。顾维钧枕的是菊花枕，菊花枕具有醒脑明目、祛风清热的作用。

在饮食方面，由于顾维钧习惯晚上 11 点睡觉，第二天早上 10 点起床，严幼韵认为 10 多个小时内不吃东西，对健康不利，因此规定他每天清晨 5 点醒来后，要喝一杯牛奶，吃一点点心，再继续睡觉。而严幼韵每天凌晨 3 点必先起床，把热好的牛奶放在保温瓶里，然后连同一张“不要忘了喝牛奶”的字条一起搁在顾维钧的床头。

顾维钧对果蔬的喜好一直都受着家乡的影响。顾维钧的家乡盛产枇杷和桑葚，顾维钧自幼便喜爱这两种水果，多年来喜食枇杷和桑葚，对他的养生也起了相当的作用。

顾维钧的另一长寿秘诀是散步。顾维钧一生爱好体育运动，到了晚年更偏爱散步。他虽住在纽约这个大都市的中心，但公园大道离著名的中央公园只有一箭之遥，那里森林繁茂，绿草如茵，是闹中取静、放松身心的绝佳去处。只是 20 世纪六七十年代的纽约治安状况太差，他在散步时曾被抢劫三次。但他没有因此放弃散步，而是在出门时准备好零钱打发抢劫者。对此，他曾戏言：“我岂止是风雨无阻，简直是‘盗匪无阻我漫步’呀！”

顾维钧晚年的另一乐事，是与儿孙欢聚一堂。顾维钧共有三子一女，长子顾德昌和女儿顾菊珍是第二位夫人唐宝玥所生，次子顾裕昌和三子顾福昌是第三位夫人黄蕙兰所生。严幼韵与杨光泩生有三个女儿，顾维钧视她们为己出，三个女儿对顾维钧也如同亲生父亲一般。

顾维钧身居海外多年，却一直没有入美国籍，这是由于他一直心系祖国大陆。越到晚年，他越是思念故国家园。每当他碰到上海来客，都要问问对方去没去过嘉定。他每天的晚餐必吃中餐，并且特别喜欢吃家乡的塌棵菜和罗汉菜。

1972 年 9 月，出席第二十七届联大的中国代表团成员章含之受毛泽东委托前往拜见顾维钧，见到来自祖国家乡的故人侄女，顾维钧异常兴奋，询问了中国大陆的许多情况。面对来自祖国大陆的热情邀请，他既高兴又遗憾，因为当时条件尚未

老年顾维钧

成熟，他未能回国一访。他曾满怀深情地说："我常心怀中国，我知道，中国终将会统一的。"

1983年，顾维钧的女儿顾菊珍回国观光，老人再三嘱咐女儿一定要到家乡看看，并将他珍藏多年的明代"嘉定四先生"和民族义士侯峒曾、黄淳耀的墨迹带回，献给国家。女儿回到美国后，把家乡的所见所闻告诉了父亲。顾维钧激动不已，把画册翻了又翻，看了又看，后来每逢思乡心切，便要翻看画册。他还给家乡写了一封信，感谢家乡对他的关心厚爱，盛赞故土发生的巨变。

然而遗憾的是，顾维钧终究没能等到重返祖国大陆的那一天，1985年11月14日晚上11时，顾维钧在家里淋浴方毕，正想披衣时，突然昏厥辞世，享年97岁。

顾维钧逝世后，蒋经国、宋美龄送了花圈，顾维钧的母校哥伦比亚大学特设追悼会，中华人民共和国的许多外交界人士致电表示哀悼，台湾舆论对顾维钧的一生事业大加赞赏，极尽华美之辞；美国的《纽约时报》、《华盛顿邮报》以及华文报纸都载文表示哀悼。

顾维钧去了，但作为中国近百年沧桑的见证者，他把自己半个多世纪中的外交经历留给了后人，他那多达600万字的《顾维钧回忆录》已成为珍贵的历史文化遗产。

“白手起家的大独裁者”——蒋介石

在那个群雄逐鹿的大革命时代，蒋介石以其浅薄的资历能在国民党的一干大佬中脱颖而出，正说明了其人在政治权谋上的成功。自 1922 年后，在短短的几年中，他白手起家，潜心钻营，野心勃勃，步步爬升，终于夺取了国民党党权、军权，成为叱咤中国政治风云的大独裁者。

蒋介石档案：

姓名字号： 蒋中正，字介石。英文名（Chiang Kai-shek）

籍　　贯： 浙江省奉化市

生卒年月： 1887 年 10 月 31 日—1975 年 4 月 5 日 卒年 88 岁

毕业院校： 日本东京振武学校

最高职务： 中华民国总统、国民党总裁、国防最高委员会委员长、盟军中国战区最高统帅

蒋介石简历：

1887 年——10 月 31 日生于浙江奉化溪口。

1906 年——在中学读书时即向家里提出要求到日本学习军事。赴日后，因非公费派遣，不能入军校，只能就读于东京清华学校。

1907 年——考入保定陆军速成学堂，学习炮兵。

1908 年——春，被保送日本东京振武学校。

1911 年——武昌起义后回国，在沪军部任团长。

1912 年——奉陈其美命令，暗杀革命元勋陶成章。

1914 年——第一次会见孙中山，担任第一路司令官。

1922 年——赴难“永丰”舰，取得了孙中山的信任。

1923 年——任大元帅府行营参谋长，赴苏联考察。

1924 年——任黄埔军校校长兼粤军参谋长。

1925 年——第一次东征任国民革命军第一军军长，第二次东征任国民革命军总指挥。

1926 年——发动中山舰事件，打击中国共产党人，任国民革命军北伐总司令。

1927 年——发动四一二反革命政变，另立国民政府。同年与宋美龄结婚。

1928 年——任南京国民政府主席、国民革命军总司令兼军事委员会主席。

1931 年——对中国工农红军发动军事“围剿”。

1933 年——签订《塘沽协定》。

1936年——12月，杨虎城和张学良发动西安事变，蒋被迫签订抗日协议。

1938年——当选为国民党总裁。

1939年——任国防最高委员会委员长。

1941年——制造皖南事变，同年正式对日宣战。

1942年——任盟军中国战区最高统帅。

1943年——代表中国签署《开罗宣言》。

1945年——日本投降，抗战胜利。同年国共谈判并签署双十协定。

1946年——蒋介石撕毁双十协定，内战爆发。

1948年——在“国民大会”上当选为“总统”，实行“币制改革”引发恶性通货膨胀。

1949年——因内战失败被迫宣告“引退”败走台湾，带走大量黄金储备。

1950年——在台湾复职“总统”。

1954年——与美国签订《共同防御条约》。

1955年——炮制孙立人兵变案。

1960年——再次当选“总统”。

1969年——实行“党政革新”为蒋经国接班铺平道路。

1970年——反对“台湾独立”，反对“两个中国”，坚持“一个中国”。

1975年——在台湾台北逝世，享年88岁。

一、“东来志岂在封侯”

蒋介石出身于一个盐商家庭，由于父亲早逝，家道中落，蒋家孤儿寡母处境十分凄凉。

1903 年，16 岁的蒋介石进入奉化县城的凤麓学堂，开始接受新式教育。1905 年，蒋介石在宁波就读期间，阅读了《孙子兵法》，受到同情革命的老师顾清廉的影响，立志当一名职业军人，并决心去日本留学学习军事。

1906 年，蒋介石为学习日文又来到了奉化龙津学堂，就在这一年的冬天，19 岁的蒋介石怀着急不可待的兴奋心情，登上了去日本的海轮。

可来到日本后，蒋介石感到很失望：日本军事学院只接收中国政府陆军部推荐的学生，而普通人要得到这种推荐只能是一种梦想，当时可走的只有一条路——进入日本中学学习日语。不久蒋介石便返回祖国，不再幻想留在日本学习军事。

恰在这时，峰回路转，陆军部宣布为保定军校短训班招考学员。天赐良机，蒋介石参加报考，并榜上有名。在该校指导训练学员的大多数教官都是日本人，蒋介石的日语学习正好派上了用场。

1907 年冬天，保定开始从学员中选拔去日本留学的预备人员。蒋介石毛遂自荐，说自己去过这个国家，学过日语；随即，他和张群等 40 人被选中。

1908 年，年轻的蒋介石第二次踏上了日本土地，进入东京振武学校学习。在振武期间，他曾给表兄单维刚寄过一张照片，照片的背面，写着一首血气方刚的小诗：

腾腾杀气满全球，力不如人万事休！
光我神州完我责，东来志岂在封侯！

青年蒋介石

在东京振武学校蒋介石军事学的好与不好姑且不论，但在这里，他结识了日后仕途上的恩师——陈其美，成为蒋介石此次日本之行最大的收获。

陈其美是追随孙中山的革命者，在上海金融巨头和帮会头目中颇有名气，此时正留洋日本。他比蒋介石大九岁，谙熟秘密帮会的运作，经商方面的经验也很丰富。与陈其美相识，在蒋介石这个年轻的浙江人心目中播下了希望的种子，他梦想能够借此在生活中顺利找到自己的位置，做一番事业。

得益于陈其美的帮助，蒋介石加入了孙中山组织的同盟会。在同盟会的会议上，蒋介石和其他预备会员宣誓忠于革命："我宣誓要为驱除鞑虏，恢复中华，建立民国，平均地权而斗争！"

在东京振武学校的三年时间里，蒋介石作为陈其美手下的亲信，在浙江籍的同盟会会员的同学中踊跃活动。虽然当时进行的革命活动仅限于同学中交谈革命形势和理想、阅读书籍等，然而这使年轻的蒋介石逐渐积累了从事秘密政治斗争的经验，并与陈其美、黄郛结成了异姓兄弟。

1911 年，武昌爆发起义，陈其美发电报给蒋介石，要他回国。由于怕学校不同意，蒋介石便耍了点花招，请假 48 个小时，和同学张群、陈星枢抵达东京，在同盟会支部换上便服，于 10 月 30 日回到上海，参与陈其美的革命工作。就这样，蒋介石加入到惨烈的革命斗争中来，在陈其美的麾下受到重用。

1915 年，袁世凯为了实现自己的皇帝梦，策划摧毁共和政体，登上皇帝宝座。

陈其美等革命同志拟定发动一场总暴动，以削弱北京政府的声势，抗议袁世凯称帝；然而，暴动惨遭失败，陈其美和蒋介石夺路而逃。为了彻底消灭“叛乱分子”，袁世凯指使张宗昌派人到上海法租界，刺杀了陈其美。

“壮志未酬身先死”，陈其美含恨九泉。蒋介石闻讯后痛哭失声，立即赶到出事地点，将陈的尸体载回自己在上海的秘密寓所入殓，并撰写祭文悼念。陈其美死后，蒋介石失去了唯一的靠山，觉得好像天塌下来一般。

陈其美死后，所率部队解散，蒋介石一时间无处安身立命。直到袁世凯也死了，北洋政府对蒋介石的追杀令终于成了一纸空文。经过一段时间的痛苦挣扎，蒋介石开始寻找新的投靠对象。不久，他把目标定向了此时中国革命的领袖孙中山。

蒋介石与孙中山的接近，首先是通过陈其美的关系。陈其美从事政治活动以后，始终追随孙中山。“二次革命”失败后，孙中山组织中华革命党，为严密组织纪律，要求参加者在誓词上打手印，许多士家出身的老国民党人如胡汉民、汪精卫等都不干，黄兴也坚决反对，而陈其美却第一个宣了誓，打了手印。因此，陈其美得到了孙中山的信任。

通过陈其美的介绍，蒋介石赢得了孙中山的好感；但是，他真正得到孙中山的信任，却是在 1922 年以后。

1922 年 4 月 29 日，第一次直奉战争爆发。5 月 6 日，直系取得了胜利。吴佩孚曾经许陈炯明以两广巡阅使的职位诱使他叛变革命，此时的陈炯明看到直系主政，认为发动叛变机会来了，于是粤军发动武装叛乱，并悬赏 20 万元刺杀孙中山。

6 月 16 日清晨 2 时，叛军 4000 人围攻孙中山总统府，并用大炮猛轰孙中山在观音山的住所粤秀楼。后来，孙中山冲出包围脱险后，登“永丰”舰避难，并号召讨伐叛逆。

经历这场生死考验，孙中山感受到了各路军阀部队的反复无常，于是给蒋介石去电：“陈炯明发动叛乱，炮轰总统府。我现在白鹅潭外‘永丰’号炮舰上，正准备发动反攻。事紧急，盼速来。”

当时身在宁波的蒋介石收到电报后异常激动，认为向孙中山效力的时候到了，便急忙赶往广州。当蒋介石登上“永丰”舰时，孙中山泪水盈眶，一下子竟说不出话来。

见到孙中山后，蒋介石被授予军事指挥全权。他根据战情，立即掌管各炮舰的指挥，参与筹划作战，借此充分显示他的军事指挥才能。从此，蒋介石与孙中山的关系日益密切起来。

1923年8月16日，孙中山派遣“孙逸仙博士代表团”赴苏考察，让蒋介石担任了代表团团长，可见孙中山对蒋介石之信任。蒋介石在莫斯科住了三个月，虽然此行他不曾学到说明真正的革命理论，但到底还学会了一些革命词句。回国后，蒋介石讲话满口都是革命，也就更加得到孙中山的赏识。通过苏联之行，蒋介石给自己镀金扩大了个人影响，为他日后青云直上一步步攫取最高权力累积了足够的政治资本。

二、首任黄埔军校校长

孙中山从事民主革命运动，到1924年，已经有30多个春秋。在这漫长的历程中，他以很大的精力领导武装斗争，但最终还是失败了。惨痛的失败给了孙中山很大的教训。特别是通过陈炯明的叛乱，使孙中山渐渐觉悟到：旧军队都是靠不住的，要想使革命成功，绝不能依靠这个或那个军阀的支持，必须组建自己的革命军队。

1924年1月24日，孙中山根据国民党中央的决定，下令筹办中国国民党陆军军官学校。孙中山指派蒋介石为陆军军官学校筹备委员会委员长。1月28日，孙中山指定以广州黄埔岛为军官学校校址，定名为“中国国民党陆军军官学校”。1926年2月，改名为“中央军事政治学校”，因校址在黄埔，又通称“黄埔军校”。

蒋介石深知，在当时的政治斗争中，不掌握军队，就没有实力，一切都无从谈起。蒋介石十分崇拜拿破仑，因为拿破仑以赫赫战功称霸欧洲于一时。蒋介石更崇拜曾国藩，曾国藩也是以治兵有道、屡建战功而成为封疆大吏。

民国以来，蒋介石看到袁世凯由于掌握北洋军事实力，不但威迫清廷，窃取了辛亥革命的胜利果实，而且还能左右民国大局，其后各大小军阀也是凭借个人的军队才能割据一方。同时，蒋介石也看到孙中山所从事的国民革命，以及为打倒军阀、统一中国而发动的北伐屡遭失败，也就是因为孙中山手中没有可靠的军队。

这些年来，蒋介石因为手中没有掌握军队，因此在军中一直充任参谋一类的幕僚、副手，“为他人做嫁衣裳”，还受排挤、奚落，以致长期一事无成。因此，当蒋介石得知孙中山准备让程潜任黄埔军校校长，让自己和李济深为副校长时，他老大不高兴，嫌官小无权。

其实，这时蒋介石无论在党内还是在军中都是后辈。蒋介石任副校长已是重用，孙中山满以为这一安排能拢住蒋。谁知道，蒋介石不愿居程潜之下，于是，便要起以退为进的手段，竟放弃筹备军校的重要任务，未经孙中山和廖仲恺的许可，擅自发给为黄埔军校招来的教职员一笔离职津贴，声称学校不办了。而他本人则于1924年2月21日私自溜回了上海，又从上海回到老家溪口，整天同自己的新欢陈洁如游山玩水，想以此要挟孙中山。

但是，就在蒋介石走后的第二天，孙中山就任命廖仲恺代理军校筹备委员会委员长，接替了蒋的职务。当时，国民党中央执行委员张静江、戴季陶都与蒋介石交好。蒋介石一急，赶紧找张静江、戴季陶哭诉，结果，张静江专为此事亲自由上海跑到广州，找孙中山替蒋介石说情。国民党中央执行委员李烈钧等也都极力推荐蒋介石任校长，并向孙中山说：“校长一职，非蒋莫属。”

这样，5月3日，孙中山最后决定任命蒋介石为黄埔军校校长；5月9日，又任命廖仲恺为军校国民党党代表，并规定，凡军校的一切命令、公文必须交由党代表签署后交校长执行，否则无效。

当上黄埔军校校长后，蒋介石工作非常勤奋。他每天早晨5点钟起床，接着开始巡视，这使不少还躺在床上睡懒觉的人感到吃惊。其实，蒋介石有自己的想法。他认为，黄埔军校是培养忠于自己的干部的熔炉，要达到这个目标，自己就要身先士卒，做出样子，以便让人们去效仿。

1924年6月16日，黄埔军校举行开学典礼，孙中山亲自主持。500多名学生一律穿着苏式黄咔叽布军装和翻毛皮鞋，英姿勃勃，军容极盛。孙中山在开学典礼上做重要讲话，赢得了台下经久不息的掌声。接着，蒋介石又在典礼上致词。就这样，黄埔军校成立后，蒋介石以此为摇篮开始培养他的亲信，建立自己的军队。

蒋介石为了使学生和官兵养成对他个人的崇拜，树立自己的威信，非常注意收买人心。黄埔军校开课以后，他每个星期都要找十几个学生见面，谈上几句话。几乎所有的学生都和蒋介石单独见过面，谈过话。蒋介石由此认识了不少学生，也拉拢了不少人。

东征出发前，共产党员李之龙等创办的血花剧社在黄埔军校北校场表演新剧《革命军》。演出结束后，蒋介石请学生到家中聚会。

言谈之中，蒋介石忽发奇想地说："我看看你们之中谁最机灵。我这屋里有三件宝，我喊一二三，看你们谁先找到，本校长给予特别嘉奖！"

"校长的内室也可以进吗？"孙文主义学会领袖贺衷寒颇为自信，似乎已经有了目标，恭恭敬敬地问。

"当然。"蒋介石饶有兴味地靠在木椅上。

话语未了，十几个同学拥进蒋介石内室，偏着脑袋七猜八猜，蹲下身子东寻西找。青年军人联合会领袖蒋先云直扑蒋介石的办公桌，桌上有孙中山从北京写来的三封信。蒋先云琢磨，蒋校长素以孙总理弟子自称，自然视先生墨迹为珍宝……他一把抓起这三封信，走到蒋介石面前，可蒋介石摇了摇头。

陈赓翻开蒋介石的抽屉，一下发现三枝镀银的小手枪，枪身只有巴掌大，闪闪发亮。陈赓记起这三把小枪的来历。那是商团事变后，军校从苏联运来的一批枪械。陈赓和同学们连夜上码头去搬，十几枝小手枪，当时就少了几枝，蒋介石严令交回，几个同学才将手枪送回。

原来蒋介石也爱枪如命！他兴致勃勃地招呼蒋校长："宝贝在此！"蒋介石还是摇了摇头。

后来，贺衷寒取下蒋介石与陈洁如、张静江的大照片，蒋介石站在母亲后面的照片，蒋经国、蒋纬国站在蒋介石身旁的照片，蒋介石也叹息地摇头。

蒋介石与陈洁如合影

人们还在寻找，谁也不知道蒋介石葫芦里到底卖的什么药。只有李之龙不动声色，在别人寻找的时候，他在仔细观察蒋介石的脸色变化和目光所向。蒋介石为什么总不时扫一眼枕头呢？李之龙走过去，把手搭在枕头上，蒋介石禁不住张开嘴。李之龙急忙翻开枕头，从底下取出三本书：《俾斯麦传》、《曾胡治兵语录》、《曾文正公家书》。

“还是你聪明。”蒋介石笑得脸色泛红。“我奖励你：从连党代表升为营党代表。”李之龙兴奋异常。他的这一任职是当时军校毕业学员中最高的一个。

蒋介石敛起笑容说：“我希望同学们都能熟读这三部书，并且记住：为军之精髓，在于绝对服从。”

说着他从公文夹里抽出一张纸解释道：“此次东征，为我校军首战必胜，我和廖党代表拟了《革命军连坐法》，之龙，你念念。”

李之龙非常恭敬地将连坐法从头到尾念了一遍：

“现在军队，不知节制，所以上下不相连系，以致进前者徒死而无赏，虽欲赏之，无从查考；退后者偷生而无罚，虽欲罚之，亦无从查考。今定有节制矣！如一班同退，只杀班长。一排同退，只杀排长。一连同退，只杀连长。一营同退，只杀营长。一团同退，只杀团长。一师同退，只杀师长。以上皆然。……这个连坐法一行，就是全军之中，人人似刀架在头上，似绳子缚着脚跟，一节一节互相顾瞻，连坐牵扯，谁亦不能脱身……”

李之龙读完连坐法，客厅里静得可怕，仿佛有个无形的、可怕的魔鬼溜进了房里，散发着恐怖和死亡的气氛。

蒋先云如同被针尖刺了一下穴位，有些麻木。他的眉毛皱了几皱想问句什么，却又打消了念头。贺衷寒心笃笃跳，眼皮直哆嗦，脸发烧得像烤了火……陈赓摘下鼻梁上的散光眼镜，先用嘴对着眼镜哈了两口气，然后用衣角擦着，又戴上，提心吊胆地坐着。蒋介石的这个做法似乎给人一种下马威，真使这些黄埔生如坐针毡，陷入一种可怕的境地。

就这样，蒋介石抛出他的“三件宝”和连坐法，在操练新军的过程中恩威并施，有力地收买了人心，培植起自己的亲信。

三、中山舰事件

1926年1月，国民党二大召开后，蒋介石的地位明显上升。这时，蒋介石已是国民党中执委委员、军委会委员、黄埔军校校长和国民革命军第一军军长，兼有政治和军事两方面的重要职务。

与当时广州的一些国民党领袖相比，蒋介石在军事、政治各个方面都超越了汪精卫、李济深、程潜等人。等廖仲恺被刺杀，胡汉民、许崇智被排挤之后，蒋介石认为，这时横在他前进道路上的障碍就只有以共产党为代表的人民革命力量了。于是，他又绞尽脑汁，处心积虑地阴谋策划，寻找一切机会对革命力量开刀。

1926年3月20日，蒋介石制造了一起骇人听闻的中山舰事件。

3月18日晚，黄埔军校驻省办事处主任欧阳钟等三个蒋介石的爪牙，以学校驻省办事处的名义，到广州文德路李之龙住宅传达命令，全文如下：

顷接邓教育长电话，转奉校长命令，着即通知海军局迅速派得力兵舰二艘，开赴黄埔为祷。此致海军局大鉴。

中央军事政治学校驻省办事处

3月18日

这是蒋介石精心设下的诬陷计谋的第一步，也是最关键的一步。李之龙在接到这个命令后，并没有多想，立即用笺纸写了两张命令，一张交给“宝璧”舰舰长，一张交给“中山”舰代理舰长章臣桐，命令略云：“着该舰长即将该舰开赴黄埔，听候蒋校长调遣。”

19日上午6时，“宝璧”舰抵达黄埔。7时，“中山”舰抵达黄埔。这时，蒋介石不在黄埔军校，“中山”舰舰长即向教育长邓演达报告，并请示任务。邓演达说不知此事，可稍待请示校长蒋介石。

不多时，李之龙又接到海军局的通知，说苏联参观团要参观“中山”舰，李之龙于是打电话向蒋介石请示，可否将“中山”舰从黄埔调回省城供苏联参观团参观？在得到蒋介石的允许后，“中山”舰于19日下午6时30分返回广州市。

这时，蒋介石的爪牙们认为时机已到，于是立即开始了诬陷阴谋的第二步：大放谣言。他们说“共产党要暴动”，“李之龙要造反”，“共产派阴谋倒蒋，推翻国民政府，建立工农政府”等。于是蒋介石借机开始了大举逮捕共产党人，实现反革命政变。

19日深夜，蒋介石的行动开始了。当蒋介石在广州市内一切布置妥当后，于是他即电令驻扎在潮汕的第一军，把全军党代表撤销，并把他们逐出军外。

3月20日凌晨3时许，李之龙在睡梦中被蒋介石派人逮捕。随后，蒋介石调动大批军队和警察，断绝广州市内交通，实行戒严，扣留“中山”舰及其他海军舰只，包围省港罢工委员会并收缴卫队枪械，包围苏联顾问的办事处及住所，监视苏联顾问行动。

同时，黄埔军校及第一军第二师中的共产党员40多人被拘捕了。何应钦将驻防在潮汕的第一军中的共产党员全部逮捕，并取消第一军的党代表制度。汪精卫的住宅也被蒋介石以“保护”名义派兵包围。

这次事变，致使国民革命军中的全体共产党员被驱逐，党代表被取消，以季山嘉为首的几个坚决反对蒋介石军事独裁的苏联顾问也被解聘，当时身为国民政府主席的汪精卫也因此被逼出国。中国共产党在政治上、军事上、精神上都受到了一次很大的打击，而蒋介石则进一步巩固了他在广东和国民革命军第一军中的地位。

不过这时的蒋介石感到自己的力量在国民党内还不够强大，还需要继续玩弄两面手法，借以欺骗群众，巩固已得地位。因此，在事变发生后的第五天，即3月25日，他在给国民政府的“呈文”中，又演了一幕自请处分的丑剧。尽管蒋介石把这次事件说成是不得已而为之，还装出认罪悔过的样子，其实不过是他以退为进的把戏。

为了进一步夺取国民党中央的领导权力，蒋介石于1926年4月3日向国民党中央提出了“整军肃党，准备北伐”的建议，要求“应即于一月内召集全体中央执行委员整顿纪律，检查分子”。

5月15日至22日，国民党二届二中全会在广州举行，选举谭延闿、蒋介石、谭平山为主席团。会上，蒋介石打着协调国共两党关系的幌子，以“消除疑虑，杜绝纠纷”为借口，抛出了他蓄谋已久的《整理党务案》。

蒋介石在《整理党务案》中提出：加入国民党的他党党员的名册要交国民党中央保存；加入国民党的他党党员不得充任国民党高级党部部长；他党党员担任国民党执行委员的人数不得多于该党执行委员名额的三分之一，等等。很明显，这些限制性的无理规定是针对中国共产党的。文中的“他党”尽管泛指，但实际上指的就是中国共产党。因为在当时，只有中国共产党与国民党实行了党内合作。

在讨论接不接受《整理党务案》时，国民党二届二中全会的中共党团曾讨论了七天，但毫无结果。后来，苏联顾问鲍罗廷来到中共党团会议上，传达苏联政府的意见，说：“不管蒋介石的三月政变的后果多么严重，‘国共合作’的政策应保持不变。……中共应接受三月政变所造成的局势，承认蒋的军事独裁，接受他的‘整理党务案’，同时协助他领导北伐。”

鉴于这种情况，国民党二届二中全会的中共党团领导人张国焘让大家签了字，接受了蒋的《整理党务案》。这样，中国共产党对蒋介石又做了一次让步，这是党务上的一次大让步。

在国民党二届二中全会上，以何香凝、柳亚子、彭泽民为代表的国民党左派，对《整理党务案》是旗帜鲜明地持反对立场。但由于蒋介石纠集右派在国民党二届二中全会占了多数，《整理党务案》被通过。

在蒋介石的一手导演下，原在国民党中央任部长的共产党人全体被撤职。由于汪精卫已离职去国，会议推选了谭延闿任国民党中央政治委员会主席兼国民政府主席，推选张静江任国民党中央常务委员会执行委员会主席，蒋介石自己则当上了中央组织部部长兼军人部部长。

随后，蒋介石又把组织部部长一职让给了他在上海交易所的老搭档、干侄子陈果夫，又让老政客顾孟余当了中央宣传部部长，叶楚伧当了中央党部秘书长。6月5日，蒋介石又通过国民政府的任命，当上了国民革命军总司令。除了第一军原来就归自己管辖外，蒋介石把对军队的控制权、指挥权扩大到了其他各个军。

7月6日，国民党中央委员会又举行全体会议，因张静江因病辞职，会议推选蒋介石为国民党中央执行委员会主席。按国民革命军总司令部组织大纲规定，出征动员令下达后，凡国民党政府所属军、政、民、财各机关，均须受总司令指挥。就这样，蒋介石垄断了国民党、北伐军、国民政府的所有大权，成为国民党的第一号领袖人物。

至此，蒋介石实现了把国民党的党权、军权、政权集中于一身的目标，拥有了作为一个新军阀头子所必须具备的实力基础。

四、宁汉之争

作为一颗“政治新星”，蒋介石虽然集国民党党权、军权和政权于一身，但他的地位并不巩固，到手的权力随时有可能失去。

为了巩固自己的权位，蒋介石梦寐以求的就是组织北伐，提高他作为一个志在统一中国的军人和“政治家”的威望。为此，他利用黄埔军校培养忠于自己的干部，并把它作为巩固个人在军中地位的一个平台，进而建立起忠于自己的军队。

北伐军成立后，蒋介石首先关注的是自己的嫡系部队，这就是他亲自领导的、

蒋介石检阅军队

由6000名黄埔军校毕业生组建的第一军。而在第一军中，处处可以见到蒋介石的浙江老乡。

随着北伐军事上的节节胜利，蒋介石渐渐踌躇满志起来，1926年11月上旬，北伐军进入南昌，蒋介石在那里设下了自己的总司令部，帝国主义与封建势力的代表——买办、官僚、政客和流氓头子开始频繁地出入于南昌，蒋介石独吞革命胜利果实的野心急剧地膨胀起来了。

在北伐军攻克武昌、南昌，占据长江流域的广大地区后，国民政府和国民党中央从中国南端迁到内地中心地区已成为形势发展的必要。11月26日，国民党中央政治会议在广州召开，做出迁都武汉的正式决定，随后，宋庆龄与国民政府先遣人员陈友仁等五人，随北伐军到达当时的革命中心武汉。

12月7日，在庐山举行的中央会议上，蒋介石却突然提出了不同的主张，提议迁都南昌，蒋介石的理由是为“政治与军事发展便利起见”，强调政治应与军事配合，党政中央应与北伐军总司令部在一起。

但是，武汉的地理位置要比南昌重要得多，优越得多，这是任何人都否认不了的。武昌水陆交通都方便，北上可以指挥京汉线作战、东下长江可指挥宁沪战场。如果说北伐军总司令部应与中央设在一起，蒋介石为何不可将自己的司令部迁至武昌呢？所以蒋介石的理由是很牵强的，会上被各位委员们质问得理屈词穷。12月13日，邓演达、宋庆龄、吴玉章等10多名国民党左派领袖和共产党人，在武汉成立“国民党中央执行委员会和国民政府委员临时联席会议”，作为迁都前的临时党政最高权力机关。

不过蒋介石并没有放弃他的努力，12月31日，蒋介石把国民党中央主席张静江和国民政府代主席谭延闿接到了南昌，同时扣留了途经南昌准备去武汉的几位国民党中央委员和国民党政府委员，用迅雷不及掩耳的手法，于1927年1月3日在南昌召开了中央政治会议第六次临时会议，非法决定“中央党部与国民政府暂驻南昌”。

就这样，蒋介石假借中央的名义，在南昌成立了政府（不久后迁往南京），从而造成他在南京发号施令压制武汉国民政府的局面，实行他的以军治政，以军治党的军事独裁统治。

于是在1927年夏季，中国大地上出现了三个政府：奉系军阀的北京政府；蒋记国民党南京政府；汪记国民党武汉政府。它们个个都自称为合法政府，各自为政，称霸一方，互相争雄。

为了继承国民党的“正统”，获得名正言顺的中央名号，蒋介石与以汪精卫为首的武汉国民政府先后展开了“文攻”、“武斗”。

为了集中兵力对付武汉，蒋介石谋求与奉系的张作霖休战，一度放弃了北伐。此外，蒋介石还拉拢势力雄厚的冯玉祥，让自己处于有利的地位，从而在稳固根基的同时，进而乱中取胜。

蒋介石与汪精卫的斗争是生死之战。面对蒋介石的围攻，武汉汪精卫集团采取的对策是：反蒋排共双管齐下，并且以反共升级，来当作反蒋的政治资本。

1927 年 7 月 29 日，汪精卫、唐生智、张发奎在庐山举行会议，密谋消灭武汉政府中一切共产党人和倾向革命的军队。革命武装力量处于生死存亡的关头。正当敌人准备要下毒手之时，在周恩来、朱德、刘伯承、贺龙、叶挺、陈毅等人的领导下，以“中国国民党革命委员会”的名义，于 8 月 1 日发动了南昌起义，把敌人打得措手不及。

8 月 2 日，听到南昌起义消息的汪精卫从庐山跑回武汉，他一面大骂，一面给冯玉祥打电报，表白他们已经彻底反共了，蒋介石再指责他们“赤化”，那就是蒋的错误了。在电报中，汪精卫还表示如有和平统一的方法，战争可不必有，迁都南京也是可以的。

冯玉祥认为宁、汉有了接近的趋势，立即给双方打电报，建议召开国民党二届四中全会，解决争端，结束党争。哪知道一波未平，一波又起，这时候蒋介石与新桂系的矛盾又爆发了，局势又有了新的变化。

原来，以李宗仁、白崇禧、黄绍竑为首的新桂系，帮助蒋介石发动了四一二反革命政变，但是，又不甘心对蒋介石俯首称臣。特别是蒋介石独裁专制、排斥异己的行为，引起多方不满，这使桂系与蒋介石更加水火难融。

面对汪精卫、冯玉祥、李宗仁、白崇禧等诸侯的武力对抗，而自己又无力收拾乱局时，蒋介石采取了以退为进的策略，他决定利用国民党各派争吵不休的机会去日本一游。1927 年 9 月 28 日，蒋介石在张群等人的陪同下，由上海登船前往日本长崎。

蒋介石下野了，南京政府的主人换成了新桂系，为了对抗汪精卫，新桂系建立了与西山会议派的联盟。西山会议派大都是比蒋介石资历深的国民党元老，加之桂系的军事力量，顿时成为当时最占优势的派别。

为了打破汪记武汉中央的“正统”名义，宁、沪方提出了四项主张，决定成立一个国民党中央特别委员会，行使中央职权。

汪精卫为了摆脱孤立地位，抢先表示赞成孙科的提议，各方代表也附议赞成。经过讨价还价的争吵，产生了32人的特委会，委员名单有：汪精卫、胡汉民、张继、邹鲁等。宁、汉、沪三方面最高人物都包括在内了，甚至还有在野的蒋介石。

特委会成为临时中央后，汪记中央的“正统”地位被打破。32个特委委员中，汪派占少数，大权已转移到桂系和西山派手里。这样汪精卫的“合法”领袖地位也被剥夺，桂系和西山会议派接着又利用特委会把汪派势力排挤出去。

汪精卫自感形势不妙，于9月13日通电下野，自责“防范共产党过于迟缓，请求处分”。9月16日特委会在南京正式成立时，汪精卫及汪派要员都拒绝参加。

9月21日，不甘心失败的汪精卫返回武汉，与唐生智正式成立了武汉政府政治分会，管辖两湖与江西三省，这实际是支持唐生智拥兵割据。南京特委会以统一为名，责令武汉取消政治分会。汪、唐置之不理。唐生智还派遣刘兴的三十六军东进至当涂，并与李宗仁的第七军在芜湖发生了前哨战。

不久，以桂系和西山会议派组成的南京政府，由于把程潜的第六军和朱培德的第三军拉到了他们一边，很快就打败了武汉唐生智的军队，唐军全部撤回湖南。11月15日，南京政府占领了武汉。

迫于情势，汪精卫又极力拉拢住张发奎、黄琪翔的第四军，在广州召开了由汪精卫、李济深、陈树人主持的广州国民党中央委员会成立大会，同时宣布“国民政府在广州再行设置”。宁、汉对立刚刚武力解决，宁、粤对立的局面又出现了。

蒋介石从日本到沪后当天，就电请汪精卫由粤赴沪，讨论党政统一问题。11月11日，汪精卫在黄埔军校发表演说，表示愿与蒋介石合作。南京政府方面怕蒋、汪联合对付他们，又听到蒋介石挟有帝国主义赐与巨资回国，以图东山再起，便又想拉拢蒋介石，于是急忙插足进来，建议宁、粤、蒋三方在上海举行国民党二届四中全会预备会。

蒋介石面对这种混乱局面非常高兴，因为国民党各派都向他求援。蒋介石如今已处于超然地位，可以“公正者”姿态出面，坐收渔利了。

冯玉祥、阎锡山也向蒋介石伸手呼救，通电请蒋复职。因为蒋介石下野后，张作霖趁国民党内产生混乱之机，大举向冯、阎进攻，冯、阎已经顶不住奉系的压力了。

在特委会与汪精卫的这场混战中，双方都争先讨好蒋介石。汪精卫抢先在12月10日召开的二届四中全会预备会议上提议，请蒋介石复职。

李宗仁看到这种情形，急忙向报界发表声明，称汪精卫拥蒋反蒋反复无常，而他自己则一贯拥蒋。这时，阎、冯促蒋复职的电报也雪片似地飞到了上海。

就这样，国民党二届四中全会的预备会议通过了蒋介石复职的决议，并决定，1928年1月1日至15日在南京召集二届四中全会，公推蒋介石负责筹备。蒋介石在这次预备会上，利用各派系矛盾，成功坐收渔人之利，成为国民党名副其实的领袖，宁汉之争也终于告一段落。

五、抗战领袖

西安事变迫使蒋介石结束了十年内战，与共产党实行第二次合作。1937年七七事变的爆发，宣告了全面抗战时代的来临，在气势汹汹的日本侵略者面前，蒋介石积极部署和指挥中国军队开赴华北和淞沪前线，抗御日本侵略军。

淞沪抗战失败后，在1937年11月17日至18日的两天内，蒋介石连续召开了

蒋介石与毛泽东

三次高级幕僚会议，紧急研究守卫南京的问题。参加会议的有何应钦、白崇禧、唐生智、徐永昌、刘斐、王俊、谷正伦等人。

在第一次会议上，大本营作战组组长刘斐的意见是：日寇利用它在上海取胜后的有利形势，依仗其海陆空军和重装备的优势，兵分三路进攻南京，则南京将处在被敌人的立体包围之下。而南京是中国首都所在，不做任何抵抗就放弃，当然不可。但顶多只用 18 个团，做象征性防守，适当抵抗后即主动撤退。

白崇禧首先支持刘斐的意见。何应钦和徐永昌也认为有道理，但是，他们二人尽量在揣摸蒋介石的心理上下功夫，把话说得似是而非，模棱两可。

蒋介石也说刘斐的看法很对，至于如何守，却只说再考虑，没有了下文。蒋介石对是否固守南京虽没有做出决定，但决定将上海作战损失大部的部队调后方整补，这基本是符合刘裴的作战方针的。

接着开第二次会议，在这次会议上，唐生智提出异议，主张南京非固守不可。理由是：南京是首都，为国际观瞻所系，又是孙中山陵墓所在，如果放弃南京，将何以对总理在天之灵？

蒋介石在这次会议上仍没有做出肯定的决定，也没有要改变以前的部署的表示，只是说："孟潇（唐生智字孟潇）的意见很对，值得考虑，我们再研究研究罢！"

到了 11 月 18 日晚上，开最后一次会议了，唐生智仍坚持固守南京；并主动提出承担守城重任。

在蒋介石决定固守南京的方针后，11 月 20 日又宣布迁都四川重庆，着手装备长期抗战。12 月 5 日晨，蒋介石和宋美龄乘飞机离开南京飞往武汉。从第二天开始，日寇大批飞机经常轰炸南京城内，空袭城郭附近军事要点。

11 月 9 日，日本军队逼进南京城，中国军队全线与日寇发生激战，在日寇的大举进攻下，唐生智狼狈逃窜，中国守军抵抗至 1937 年 12 月 13 日，南京终于陷落。

在此前后，蒋介石又指挥了太原会战、徐州会战、武汉会战等重大战役。在广大爱国将士奋勇抵抗之下，一年时间使日军伤亡了 45 万余人，粉碎了日本帝国主义妄图速战速决、迅速灭亡中国的战略计划。

同时蒋介石在政治民主化方面也做出一些姿态，他释放了政治犯、修改反动条例、召开国民参政会等，全国一时出现一片新气象。但由于蒋介石实行片面抗战路线和单纯军事防御的战略战术，又幻想并等待国际“调停”制止日本侵略，因而不能抵御占有很大优势的日本侵略军，华北、东南和华中大片国土相继沦陷。

武汉保卫战结束后，抗日战争由战略防御阶段转入战略相持阶段。汪精卫等人则对抗战前途完全失望，叛国投敌。1939 年 1 月，蒋介石任国防最高委员会委员长，与汪精卫之流相比，蒋介石倒成了当时名副其实的抗战领袖。

1941 年苏德战争爆发，国际形势已明显形成了反法西斯阵营，中国在国际反法西斯阵营中已具有重要的地位。蒋介石早就全心身地指望外国列强，但是他发现，不论是英国、美国、苏联还是荷兰等国，都没有把他当作真正的盟友。

当时，实际美、英仍在推行“欧洲第一”的战略，美对日本的防务安排，最高就是向中国提供一些物资，使中国能支撑住，继续与日本打下去，这样它们就可以避免同日本交战。

而日本派出野村和来栖两位特使，与美国国务卿赫尔谈判。日本以从越南撤军和不侵犯南太平洋为条件，要求美国恢复对日通商，继续供应日本石油、钢铁等重要战略物资，并要求美国不得妨碍日、中两国“为和平而努力的行动”。

美国出于重点支援欧洲和使本国有充分备战时间，竟不惜出卖中国。11 月 22 日，美国国务卿赫尔紧急接见中国驻美大使胡适，通知中国，美国有意与日本签订协定。

蒋介石听到美、日即将签约的消息后，立即回电复胡适，指示他转告美国政府关于中国政府的反对态度。

同时，蒋介石又向丘吉尔发出电报，要求丘吉尔反对美、日签订协定。丘吉尔很快就致电罗斯福，反对美日协定。但是，美国久久没有做出反应。

在万般无奈之际，蒋介石使出了“夫人外交”。11 月 10 日和 12 月 4 日，宋美龄两次在无线电广播里向美国呼吁：“我觉得美国这一个国家，决不会因势乘便，以作便利自己的打算的。美国决不像法西斯国家那样认为牺牲弱小是正当的行为。我们中国为了正义与人道，流血斗争，迄今已四年有半了。因此，我相信我中美两国的友谊是建基于一致的理想上的……”

由于法西斯的侵略野心无法满足，美日订约最终没有成功。1941 年 12 月 7 日，日本突袭珍珠港，美国对日宣战。12 月 8 日，在中日战争爆发了好几年之后，蒋介石才正式对日宣战。同时，蒋介石代表中国政府建议成立中、美、英、苏、荷、澳等国军事同盟。

1941 年 12 月太平洋战争爆发，蒋介石趁机积极开展外交活动，12 月 23 日，中、美、英三国联合军事会议在重庆蒋氏官邸举行，美国代表是勃兰特和马格鲁德两位将军，英国代表是在英国殖民地印度担任全军总司令的韦维尔爵士。蒋介石主持会议，中方参加会议的还有参谋总长何应钦和宋美龄。蒋介石与英、美等国重要人物接触时，大多由宋美龄在场翻译。在这种场合，宋美龄实际是以“权威人士”的身份出现的，她的谈话始终被认为是“半官方”的。

蒋介石作为同盟军的中国战区最高统帅，得到了美国的物资和财政援助。同时蒋介石派出了中国远征军去缅甸，与英美盟军联合作战。美、英为了联合中国共同抗击日本，承诺废除不平等条约所规定的在华特权，并签订了中美、中英“新约”。

由于太平洋战争一开始，蒋介石就采取了单纯防御、保存实力的方针，千方百计向美国要钱，醉心于获取额外的军用物资贮备，以备以后对付共产党。而美国当时提供援助，是希望蒋介石去打日本，而不想让蒋留着援助的物资等胜利后去打共产党。蒋介石没完没了地要钱，越要越多，从五亿美元到 10 亿美元。钱从美国财政部毫无计划地大量提取，这不能不引起美国一些部门的忧虑。

虽然罗斯福和他的同行已经了解到国民党政府中贪污的大致情况，仍然愿意宽恕这种丑行。罗斯福关心的是：战时中国战略地位重要，可以牵制亚洲大陆上百万日军。战后美国用一个五亿中国人的盟国，还可以成为阻止苏联在亚洲进行扩张的缓冲地带。美国总统竞选中败在罗斯福手下的总统候选人温德尔·威尔基，在对外政策上与罗斯福持相同看法。罗斯福让威尔基作为他的特使做 49 天环球旅行来到了中国。

在访问期间，威尔基建议蒋夫人宋美龄到美国“进行一次亲善访问”。

1942 年 11 月 18 日，宋美龄于重庆乘飞机秘密启程，辗转非洲、南美洲，于 11 月 27 日抵达纽约，1943 年 2 月 17 日，罗斯福夫妇将宋美龄迎进白宫，她在白宫居住了 11 天。

1943 年 2 月 18 日，宋美龄由罗斯福总统的夫人陪同，向美国国会发表演说。宋美龄讲话的重点是：盟军应改变偏重欧洲战线的观点，打败日本比打败德国更为重要，美国应当使它的人民能够在中国进行战斗，彻底摧毁日本，解除法西斯对文明之威胁。

2 月 19 日，宋美龄在罗斯福总统的陪同下，在白宫椭圆形办公室举行了有

蒋介石与宋美龄合影

172 名新闻记者参加的招待会。她这次穿的一套礼服，别出心裁地佩带了中国空军的双翼徽章。因为这次宋美龄最高的目的之一是要当着全美国最高报刊记者的面，说明现在中国需要更多的弹药，尤其急需飞机，逼迫罗斯福总统更多、更快地对华援助。

1943 年 6 月 28 日，宋美龄自美国乘专机启程归国，载誉而归，从结果来看，蒋介石的此次“夫人外交”无疑是极其成功的，对中华民族的抗战事业也是有益的。

同年 11 月，蒋介石出席了开罗会议，与美国总统罗斯福、英国首相丘吉尔商谈对日联合作战方略及战后和平条件，从此奠定了中国作为联合国常任理事国的基础。

六、内战罪魁

1946 年 6 月 26 日，蒋介石悍然撕毁双十协定，命令国民党军向中原解放区大举进犯，全国性的内战由此开始了。

起初，蒋军来势很猛，凶焰嚣张。从7月至10月，蒋介石调集了160多万人的正规军，占全部正规军的80%，向各解放区进犯：

武汉行辕的程潜所属21万人加十几个保安团，向中原解放区进犯；徐州“绥靖”公署薛岳、吴奇伟所属46万人，向苏皖及山东解放区进犯；郑州绥署刘峙及徐州绥署另一部分军队共24万人，向冀鲁解放区进犯；河北省主席孙连仲及傅作义所属16万人，向冀察解放区进犯；太原阎锡山所属九万人，向晋绥解放区进犯；西安绥署胡宗南所属15万人，向陕甘宁边区进犯；另有七万人向广东各游击区及海南岛琼崖解放区进犯。

8月2日，蒋介石派飞机轰炸延安。10月，杜聿明所属16万人向东北解放区发动新的进犯。至10月11日国民党军占据张家口，蒋介石的进犯达到了顶点，共占据解放区城市153座。这时，国民党军队参谋总长陈诚大吹特吹，说“3个月至5个月便能解决共党问题”，国内交通线“任何一线均可于二周内打通”。

在蒋介石调集军队大举进犯解放区的过程中，其有生力量被我军消灭了25个旅（达20万人），除李宗仁、傅作义、马鸿逵、程潜四部尚没有受到中共歼灭性的打击之外，其余的部队，或者受到中共相当严重的打击，或者受了初步的打击。

客观的现实迫使蒋介石不得不改变全面进犯解放区的做法，转为重点进犯。

“政府军的重点战略为以下三点：（一）在东北方面，以最高都市及铁路为中心采取防守和持久的态势。（二）进攻延安，夺取共产党的军事、政治神经中枢。（三）在共军显著猖獗的山东方面，集中兵力予以歼灭；并向黄河以北推进，平定平、津、保（定）三角地区，以统一河北平原。”

在山东，蒋介石命令顾祝同指挥60个旅，共45万人，分期分批向山东各解放区进犯。

1947年4月上旬，蒋介石调集25万部队，向鲁中进犯，企图歼灭华东解放军于沂蒙山区，结果，人民解放军歼灭蒋介石手中的五大主力之一第七十四师。

为此，蒋介石在5月29日发布《为追念张灵甫师长剿匪成仁通告国军官兵》，除大肆攻击中共和人民解放军，也斥责他的蒋军，“以我绝对优势之革命武力，竟每为乌合之众所陷害，此中原因，或以谍报不确，地形不明，或以研究不足，部署错误，以至精神不振，行动萎靡，士气低落，影响作战力量，虽亦为其重要因素，然究其最大缺点，厥为各级指挥官每存苟且自保之妄念，既乏敌忾同仇之认识，更无协同一致之精神，总是为敌所制，以致各个击破者，实为我军各将领取辱召祸最大之原因。”

同时蒋介石也吹捧第七十四师说：“我陆军整编第七十四师全体官兵，在最近鲁南一役之壮烈殉职者，实为国军截击奸党以来最悲壮之史诗，亦为我革命军人莫大之光荣。”

6月底，蒋介石又以24万部队发起第三次进犯，人民解放军分路插入敌后，加上刘邓大军正南渡黄河，挺进鲁西南，结果，蒋军还是被迫于7月自鲁中西撤。在屡遭失败后，蒋介石只能无奈地下令收缩防线，实行重点防御。

1946年11月，蒋介石在南京召开“国民大会”，制订了宪法，宣称要“实施宪政”，“还政于民”，“改组政府”，实际上仍是以他为首的国民党统治集团独裁专政。

经过1948年春“行宪国大”的选举，蒋介石出任“总统”，并攫有不受宪法限制的“紧急处置的权力”，使他的独裁统治披上了合法外衣。1948年8月，蒋介石颁布了《财政经济紧急处分令》，发行金圆券代替法币，限期收兑金银外币，强令限制物价，企图摆脱通货恶性膨胀、物价飞涨的困境，结果更加速了财政经济的全面崩溃，民怨沸腾，社会骚乱。

经过1948年秋冬至1949年初辽沈、淮海（徐蚌）、平津三大战役的战略决战，使蒋介石赖以发动内战、维系统治的主力部队基本上被消灭，蒋介石宣布下野。在人民的怒火面前，蒋家王朝在大陆的统治终于坍塌了。

1949年4月21日凌晨，人民解放军兵分三路，只用了20分钟，就渡过长江。被残余的国民党势力宣传为“固若金汤”的长江防线，刹那之间土崩瓦解。

4月23日，虎踞龙盘的金陵古城，获得了解放。5月12日，人民解放军向上海进军，耗尽民脂民膏的上海“马其诺防线”，并没起到丝毫拦阻作用，“国军”保卫大上海的真正战斗，算起来仅有10来天。5月25日晚，中国最大的城市上海，实际已被解放军解放。“保卫”大上海的22余万精锐国民党军队，能侥幸逃脱的，不足七万人。同日，蒋介石父子被迫乘“静江”号军舰离开上海。

在人民解放军百万雄师南下进军的隆隆炮声中，曾经不可一世的“最高领袖”蒋介石，于1949年12月10日正午时分，在其长子蒋经国、侍卫党春明等人的护卫下，乘车逃离成都中央陆军学校，直奔凤凰山机场。

此前，蒋介石企图在成都组织军队，与解放军展开殊死决战，保住大西南这块立足之地。在将“政府”迁往台湾的同时，将大本营设置于西昌，在成都设置“防卫总司令部”。然而，如意算盘刚刚打过没几天，在双十二事变那个特殊的日子到来之前，已公开起义的云南省主席卢汉，致电川军首领刘文辉，要刘会同四川各将领，效仿张杨西安事变之举，抓捕蒋介石。

这个消息令蒋介石父子成了惊弓之鸟，12 月 10 日，还有两天，13 年前那个不祥的日子就将到来，蒋介石父子一刻都不敢停留，不得不仓皇逃离险境。

在迈进“美龄”号机舱之前，蒋介石回过头来，最后看一眼大陆的美丽山河，苍凉之感不待言说。

下午 2 时，“美龄”号专机起飞，在成都上空盘旋了两周，而后便向台湾方向飞去。

此刻，坐在飞机上的蒋中正是一种什么样的心情呢？想当初他黄埔起家、北伐督军，势头何等强劲！蒋家王朝的开张盛典，又是何等显赫！想当年，抗战领袖，民族英雄，“行宪总统”，威震四方。而如今，这个内战罪魁却落得众叛亲离，只能狼狈地逃往孤岛，偏居一隅，苟延残喘了。

七、父子总统

1950 年 3 月 1 日，蒋介石正式宣布，他在台湾恢复“中华民国总统”职务。如同所有的专权独裁者一样，蒋介石的理想是实现“家天下”，建立千秋万代的蒋家王朝。经文纬武，是他对儿子们的期望。

3 月 1 日，蒋介石宣布成立“国防部政治部”，后改为“国防部总政治部”。3 月 21 日，蒋介石任命蒋经国为“国防部政治部主任”，这一官衔虽不高，但是，蒋介石交给儿子的权力却超越了三军统帅。蒋经国主管的政治部，负责两项极重要的使命：监督筹划情报业务；对大陆游击活动的派遣和指挥。

蒋介石的“总统府”里有一个“机要室资料组”，也由蒋经国一手包办。别小看这只是一个“组”，举凡一切党政特务机构，统统归它管辖指挥。“总统府机要室资料组”下设的保安处，实际等于夺取了毛人凤保密局业务，蒋经国的权力，连当年的戴笠亦难望其项背。

为了加强政工人员对军队的控制，蒋经国也有绝招。他派他的得意门生易劲秋坐镇总政掌管人事业务，从而得以干预军官的考核和升迁。这样一来，蒋经国慢慢地利用军队中的政工人员和亲自提升的干部，把军队控制了起来。

为了掌握军权，蒋经国在父亲的教导下，步步为营，稳扎稳打。“危险人物”、“异己分子”在蒋氏父子的老谋深算的传权谋略中相继溃不成军，都遭受到“毁灭性的打击”。

这其中，尤其是在拔掉手握兵权的武将孙立人这颗眼中钉时，表现得更为突出。

逃往台湾之初，蒋介石为了做出姿态给美国人看，重用了非黄埔系的孙立人，掌握台湾兵权，目的是争取美国的军援、经援。

1950 年朝鲜战起，美、蒋关系重归密切，美国培养的这位孙立人将军，对蒋介石来说，已失去实际应用的价值。可是，孙立人仍有“美军的宠儿”、“委员长的爱将”、总司令“非我莫属”的优越感，狂妄自大。

1954 年 6 月，蒋介石撤销了孙立人陆军总司令之职，改任“总统府”参谋长。孙立人虽然被解除兵权，在“总统府”里坐冷板凳，但是，他过去带过兵，羽翼尚在，随时可能构成蒋氏政权潜在的威胁。

1955 年 8 月，台湾特务机关抓到一个名叫郭廷亮的“匪谍”。该犯是孙立人部队的少校营长，他利用与孙立人多年长官部属关系，在军中联络少尉级军官一百零几个人，预备于适当时机，发动“兵谏”。

20 日，蒋介石下令成立调查委员会，审查“孙立人兵变案”。委员会经过调查，证明孙立人在此案中并无直接责任，但是，他有所谓失察之罪，于是，主张对孙立人不处刑，但他应居家休养反省。

这正合蒋介石的心愿，他“宅心仁厚”，马上亲批“毋庸议处”，嘱咐孙立人在家安心读书，由“国防部随时察考”。

在蒋介石用强力解决孙立人之后，他又腾出手来采取一系列组织手段，迫使扮演“忠诚反对派”角色的 CC 派就范了。

1958 年 7 月，蒋介石在中央评议委员会议上讲话，怒斥“本党的党员，尤其是在中央五院的党员，与党外的自由主义者随声附和，以反党为自由，以脱党为民主”。

为此，在蒋介石的提议下，国民党中央决定开展党员重新登记，计划方案是要制定党的“规约”，凡愿登记者，必须宣誓遵守规约，尊重组织，服从党魁。登记的目的是使党员“执行中央的决议而不再分歧，笃信革命的领导中心而不分派系”。所谓“革命的领导中心”就是蒋介石个人。

实际上，蒋介石发起的这次对党员重新登记，完全是针对CC派的“国大代表”和“立、监委员”来的。蒋介石说得很清楚：“凡是其有不满反共革命现状，或已失去对党与领袖信心的，都可在此登记时期不再登记，就算已脱离本党，还他自由。”

1954年4月，蒋介石在就任台湾当局的第二届“总统”之后，将蒋经国调离了台湾当局“国防部总政治部”，新职为“国防会议副秘书长”。

“国防会议”这个机构，扑朔迷离，名称听起来，好像和美国的“国家安全会议”性质类似，但是，在美国它并非政府常设机构，而是提供总统咨询的临时会议。蒋介石的“国防会议”却是一个常设机构，下辖“国家动员局”和“国家安全局”两个机构。“国防会议”，对于蒋介石来说，是一个制度化了的“太上特务机构”，蒋经国调位到新职，实际上就成为名副其实的秘密警察首脑。

蒋经国一辈子从政，担任过无数次副职，这正是蒋介石的一套老练的政治权术的表现。正、副只是名义，权力才是实质。蒋介石说，蒋经国做副手是磨练，其实，蒋经国工作的单位，正、副手总是颠倒过来的。

这时，“太子系”的势力已开始形成气候，那些作为“太子”“亲密战友”的人，都安排到了重要位置，陈诚空出的“行政院院长”职位，由蒋经国的铁哥们俞鸿钧接替，另一位“太子系”的主将唐纵，担任了中央党部秘书长的职务。这是当年陈立夫的位置。

1963年11月，国民党第九次代表大会上，严家淦擢升为中央常委，不久，陈诚坚辞“行政院院长”，严家淦“组阁”，他做的第一件事，就是任命蒋经国为“国防部副部长”。到这时，一直貌似不起眼的蒋经国才从幕后窜到了台前。

蒋介石把儿子安排到“国防部副部长”的位置上，心里就踏实了。蒋介石一生从政的经验，使他比谁都笃信军队的重要，他知道只要手里握住兵权，登上宝座的道路就畅通无阻了。蒋经国也脱离了通过操纵秘密警察控制军队的境地，名正言顺

晚年蒋介石

地成为“国家”最高军事官员之一了。

在国民党十大后，严家淦当选为“副总统”，兼“行政院院长”。他之所以当选，就是因为此人一身的“长处”，是蒋经国理想的替身。在代表大会后，蒋经国被“选为”“行政院政务委员”，就这样，一个蒋经国的时代，正在悄悄地来临。

蒋经国掌握兵权，又是“内阁”中的“政务委员”，相当于“不管部”“部长”，台湾的一些大事，蒋介石尽量让儿子承担，这对蒋经国来说，是个磨练，蒋介石也可少操劳，多静养了。

1972 年 3 月，蒋介石蝉联第五届“总统”，严家淦也再次当选为“副总统”。这时，蒋介石已经 85 岁，安排后事的问题迫在眉睫了。

为了使“传子”戏看上去更堂皇些，蒋经国有必要从“行政院副院长”的位子再上一层楼，升为“行政院院长”，这样，在蒋介石死后他就可以顺势接班。身为“副总统”兼“行政院院长”的严家淦对此看得十分清楚。他知道这时蒋介石在想什么。

5 月 11 日，严家淦提出辞呈，坚决要求辞去“行政院院长”的兼职，并力荐蒋经国，接任自己的职务。严家淦在他辞呈中对蒋经国大加赞颂，称蒋经国“坚忍刚毅，有所作为”，是“最理想之行政院长继任人选”。

5 月 17 日，国民党中央常委会召开会议，谷正纲、倪文亚等常务委员，以及张群、孙科等中央评议委员纷纷发言，称赞蒋经国是“行政院院长”最佳人选。最后，中常会通过决议：一致吁请蒋介石“不以内举之微嫌，废国家兴复之至计，允即征召蒋经国同志出任行政院院长”。

在蒋介石看来，儿子接班的路都铺垫好了，于是，他果然也就不再顾忌“内举之微嫌”，在“总统”就职后，马上提名蒋经国为“行政院院长”。

蒋经国入主“行政院”，事实上已经标志着蒋经国统揽全局的“蒋经国时代”正式揭幕了。至此，蒋介石在自己的政治生活中走完了最后一步，完成了自己的夙愿。然而，这种父子两人一为“总统”，一主“内阁”的现象，在世界宪政史上，也算是前无古人，后无来者，是独一无二了。

1975 年 4 月 5 日，蒋介石终因心脏病复发医治无效，在滂沱大雨中去世。蒋介石之死，对台湾人心产生很大震动。国民党内的老臣更是满怀“顿失凭依”，一个个惶惶不安。但是，由于蒋经国事实上早已接班，不久便把局势稳定下来了。

4 月 6 日，“副总统”严家淦依“宪法”规定，宣誓继任“总统”。当时，有人曾担心会重演民国初年的“府院之争”，严家淦将扮演黎元洪，蒋经国会充当段祺瑞，把严家淦赶下台去。但是，后来的事实证明，蒋介石确实有“知人之明”，他生前选定为儿子当“滑轮”的严家淦严守本分，甘心充当“橡皮图章”的角色，对蒋经国唯唯诺诺，一呼百应，没有制造一点点麻烦。

时隔不久，蒋经国在国民党第十届中央委员会临时全体会议上被一致推举为国民党主席。

两年后，蒋经国顺利接任“总统”。这时，对蒋经国而言，接班掌权问题不仅“实至”，而且是“名归”了。

“蒋家天下陈家党”——陈果夫

陈果夫和胞弟陈立夫长期执掌国民党党务和中统特务组织，其兄弟二人领导的CC系更是蒋介石独裁政权的一大支柱，可谓是权势滔天，有“蒋家天下陈家党”之称。去台后，蒋介石为“传子计划”拿“二陈”开刀，陈氏兄弟成为国民党丢失大陆的“替罪羊”。最终，陈果夫重病潦倒而死，陈立夫被逐异国他乡。

陈果夫档案：

姓名字号： 陈果夫，名祖焘，字果夫

籍　　贯： 浙江省吴兴县（今湖州市）

生卒年月： 1892年10月27日—1951年8月25日 卒年59岁

毕业院校： 南京陆军第四中学

最高职务： 国民党中央组织部部长

陈果夫简历：

1892年——10月27日出生于浙江省吴兴县。

1907年——入浙江陆军小学。

1911年——入南京陆军第四中学。同年，加入同盟会。

1918年——开始在上海经商，与蒋介石等人从事交易所投机买卖。

1924年——黄埔军校创办后，在上海为军校招募新生兼采购物资。

1926年——任国民党第二届中央监察委员兼中央组织部代部长。

1928年——任国民政府委员兼监察院副院长。

1929年——任中央执行委员会常委，中央组织部副部长、代理部长，成立国民党中央政治学校。同年，任中央组织部部长。

1932年——任导淮委员会副委员长。

1933年——任江苏省政府主席。

1938年——任中央政治学校教育长。

1945年——任国民党中央财务委员会主任委员兼中国农民银行董事长。

1946年——任中央合作金库理事长。

1950年——任"中央评议委员"、交通银行董事、"中央银行"董事。

1951年——于台北病逝，享年59岁。

一、国民党人的新星

在湖光山色交相辉映、青瓦白墙小桥流水的江南小镇——浙江省吴兴县，陈果夫的家族算得上是当地的“名门望族”了。其叔父陈其美为民国初年著名革命党人，同盟会在江浙沪地区的重要领导人，曾被孙中山称为一代“人杰”。其父陈其业早年曾东渡扶桑学习经济，回国后一度从商，无奈未有所成，后来当上国民参议员、国大代表、全国商业联合会常务理事、全国工业联合会理事等职，尽管是蒋介石的馈赠，或者说是两个儿子为他所挣，但也荣耀一时。

陈果夫儿时并没有显露出什么过人之处，读了几年私塾后，他于1907年考入浙江陆军小学，陆小毕业后升入南京陆军第四中学。1911年经二叔陈其美介绍加入同盟会，辛亥革命时与同学赴武昌参战。在汉阳保卫战中，有一次修筑大炮工事，由于其体质虚弱和劳累过度，在把大炮推上蛇山顶时退下阵来，当晚肺血管破裂，吐血不止，从此落下折磨他一生的肺病。接着他参加了二次革命和讨袁之役。

陈其美遇难后，1918年陈果夫去上海一家钱庄谋生，自己借工作之余做一些金融买卖。此时戴季陶、张静江、蒋介石在上海办证券交易所，蒋介石找到陈果夫，让其组织“茂新”号，担任54号经纪人，专营交易生意。

蒋介石与陈其美有着“安危同仗”、“生死与共”的患难经历，蒋介石在革命队伍中崭露头角，即得之于陈其美的“诱掖之功”。蒋介石在日本留学期间结识陈其美，经其介绍加入同盟会，并被引见给孙中山。当时推翻清朝统治的革命风暴正在孕育之中，蒋、陈二人奔走于日本与上海之间，开展革命活动。辛亥革命爆发后，陈其美在上海举事，蒋介石回国后参加了光复杭州的战斗。陈其美任沪军都督后，蒋介石在其手下任团长。两人互换金兰，结为异姓兄弟。由此而论，蒋介石和陈果夫、陈立夫兄弟便有了叔侄关系。这是蒋介石关照陈氏兄弟以致飞黄腾达的根本原因。

1920年，戴季陶、张静江、蒋介石、陈果夫等人经营的证券交易所，最高用于筹集国民党人的活动经费和救济革命烈士遗孤。陈果夫任经理的“茂新”号做棉花、证券两种生意，在不到一年的时间里，“茂新”号就赚了几十万元。这些钱最高用作革命党人的活动经费和资助革命烈士的遗孤；其余部分被他们在花花世界里挥霍了。陈果夫资助其弟陈立夫留学美国的资费、蒋介石纳姚冶诚为妾以及后来和陈洁如结婚的费用，大多出自于此。

陈果夫读书不多，却经营有道，在国民党内被誉为“理财专家”。国民党统治大陆20多年中，陈果夫一直掌握着部分财权，长期担任着四大银行中的农业银行董事长、中央财务委员会主任和中央合作金库理事长。

在证券交易所的这段不平常的日子里，陈果夫与蒋介石的感情和友谊都得以加深和巩固。陈果夫和戴季陶、张静江等人，以后都成了蒋介石统治集团的核心人物。

1924年年初第一次国共合作实现后，孙中山在广州筹办黄埔军校，任命蒋介石为校长。蒋介石即着手组建自己的心腹班底，其人选中自然少不了上海滩那个精明能干忠心耿耿的世侄陈果夫。这年秋天，他派专人赴沪给正在养病的陈果夫送去一封信，要他在上海采购军校学生制服及其他军需用品。因为当时广东物价奇高，在上海采购物资，加上运费，也只相当于在广东购买的五分之一到三分之一。

陈果夫接到信后，不顾肺病未愈，便东奔西走联络采购和托运，第一批东西运走后，很快如期到达。后来黄埔军校大部分军服皮件等都是在上海由陈果夫采购、订制和托运的。不久，陈果夫收到蒋介石寄给他的一张由孙中山颁发的委任状，委任他为上海地区招生委员。陈果夫在江浙皖三省为黄埔军校招募学生4000多人，这批人后来成为黄埔学生军的基本兵员。

1926年1月，国民党第二次全国代表大会在广州召开，身在上海的陈果夫在蒋介石的支持下当选为中央监察委员，进入国民党中央决策机构。4月底，陈果夫离沪赴粤。不久，蒋介石在国民党二届二中全会上提出《整理党务案》，致使担任国民党中央部长的共产党员全部离职。蒋介石由此担任了组织部部长、军人部部长和国民革命军总司令等职务，随之蒋介石便任命陈果夫为组织部秘书。7月，蒋介石以国民革命军总司令名义誓师北伐，为了执行反共计划，与谭延闿商量，一致认为“果夫有办法”，于是让陈果夫代理了其组织部部长。

短短两个月间，蒋介石集党政军大权于一身，陈果夫也随之飞黄腾达一举成为党政要人。接收中央组织部后，陈果夫大肆排挤共产党员，安插自己的亲信，将组织部各部门负责人逐渐改为清一色的国民党，内部与各方接洽之事，完全由陈果夫本人负责，秘密工作由其秘书负责，不久便控制了组织部的领导权。由于陈果夫死心塌地助蒋反共，蒋介石的《整理党务案》得以顺利贯彻执行。陈果夫也有了自己的小班底，有了 CC 系的雏形。

中央组织部大权稳操在手之后，陈果夫开始向各级党部开刀。他以视察或指导工作为名，把组织部内顽固的反共分子陆续派往各地党部，联络组织反共分子，传达反共旨意，传授阴谋反共的方法。有的省份没能派人，便由对方派人到粤面授机宜，策动各级党部反共分子夺权。

在 1927 年上海工人第三次武装起义取得胜利的时候，蒋介石对共产党愈发仇视和害怕，也加快了“清党”的阴谋策划和部署。4 月 2 日，陈果夫伙同吴稚晖等人提出所谓“弹劾”共产党案，并以中央监察委员会名义呈交国民党中央执行委员会，要求对各地共产党给予“非常之处置，救护非常之巨祸”，为蒋介石进行反革命活动制造舆论。4 月 9 日，陈果夫又与吴稚晖等联名，以中央监察委员会名义发表了《护党救国通电》，对中国共产党大肆攻击，为蒋介石公开叛变革命做最后的政治准备。

1927 年 4 月 12 日，蒋介石发动了震惊中外的四一二反革命政变，并由陈果夫具体主持了“清共”工作，领导各级“清共”委员会，专门对付共产党。

蒋介石为实现其独裁统治，在反共的同时，一面与新老军阀在战场上展开厮杀，一面同国民党内部其他政治派系——西山会议派、胡汉民派、汪精卫派展开了“正统”之争。前者依靠黄埔系以武力取胜，后者最高通过陈氏兄弟操纵国民党党务大权来完成。

1927 年 8 月中旬，蒋介石第一次下野后，陈果夫苦心经营的派系势力被当权的西山会议派铲除。为纠集拥蒋势力，拥护蒋介石重新上台，陈果夫与其胞弟陈立夫、戴季陶等人在上海滩组建了“中央俱乐部”，在南京四牌楼成立了中央党务学校，由蒋介石挂名任校长，陈果夫任总务处主任、戴季陶为教务处主任、教育长。中央党务学校从此成为 CC 系的起家基础和大本营。

为配合蒋介石重新上台，陈果夫于 11 月 22 日庆祝唐生智西征胜利之际，指使党务学校人马上街游行，高呼打倒西山会议派的口号。西山会议派下令军警开枪，造成所谓“一一二二”惨案。陈果夫立即抓住把柄，布置党羽在各地大造声势，要求惩办“一一二二”惨案凶手。西山会议派陷入四面楚歌之中，不得不下台而去。

1928年1月蒋介石重新上台，中央组织部又回到陈果夫手中，陈果夫立即着手进行继四一二反革命政变之后的进一步“清党”，从中央到地方进行非蒋势力大清洗，除在组织部内安插亲信外，又以选派各地党务指导委员的方式，将其势力渗透到各省市党部及国民党的最基层组织，为将国民党变为清一色的“蒋家党”奠定了基础。

1928年中央政治会议代表在南京合影（前排左二为陈果夫）

二、庞大的政治怪兽——CC系

1929年3月，国民党第三次全国代表大会召开，在陈氏兄弟的控制下，蒋派势力在选举中取得绝对优势。陈氏兄弟及其大量亲信被选入中央委员会，陈果夫、陈立夫、曾养甫等人当上了中央执行委员，陈果夫还同时为中央执行委员会常委；张道藩、程天放、余井塘等人当上了候补执行委员。中央党部内蒋介石任组织部部长，陈果夫为副部长、代理部长，陈立夫则由组织部调查科科长跃居中央党部秘书长。

通过“三全”，陈果夫将国民党成功地改造为清一色的“蒋家党”（也可以说是“陈家党”），蒋派把持国民党中央，控制各省市党部已成定局。不久，陈果夫接任组织部部长。如此一来，蒋介石的个人独裁在党务方面全权交给了陈氏兄弟，“蒋家天下陈家党”的局面就此形成。

从此时到1949年蒋氏政权在中国大陆结束，在20年漫长岁月中，国民党各级组织人事大权和党务经费的管理与支配，皆由陈果夫与其弟陈立夫掌管，二人稳坐权力峰巅，利用职权之便扩张羽翼，层层网罗追随者，形成以“二陈”为中心的一股政治力量，这就是CC系。犹如黄埔系之军队，CC系则是蒋介石在党务中的嫡系。

关于“CC”的由来，历来有两种说法，其一，“中央俱乐部”英文译名为“CentralClub”，简称为“CC”；其二，陈字的汉语拼音以“C”字打头，故以CC代表“二陈”，以陈氏兄弟为首的派系便称为CC系。

但陈果夫否认CC这个组织，曾气愤地表示：“以我的性格，是不会用外国字来组织自己团体的。”

陈立夫也大叫其冤，说“绝对没有CC这个组织。党章规定不得有小组织，总裁怎么能允许”。

但无论“二陈”怎样否认，都无法否认CC系的存在与活动，以“二陈”为中心的政治势力的存在是众所周知的事实。且CC系内藏龙卧虎，在国民党外一致对付共产党和进步人士，镇压人民的反抗；在国民党内相互提携，协调行动，与政学系在行政部门、黄埔系在军事部门、孔宋系在财政及外交部门一样，CC系牢牢掌握着国民党的党务部门，成为蒋介石政权的四大支柱之一。当时社会上便有“蒋家天下陈家党，孔宋两家管钱袋”之说。

从国民党第三次全国代表大会到九一八事变，国民党内进入军阀混战的高潮阶段。在这一阶段，陈果夫与其弟陈立夫充分发挥了CC系的作用，利用CC系在各省市的势力，对各倒蒋军阀大挖墙脚，起到了蒋介石的黄埔系无法起到的作用，有效地配合了蒋介石的军事行动，深受蒋介石赞赏。

但是，陈果夫的肺结核病日趋严重，1931年6月不得不辞去中央组织部部长一职，从此退出了国民党中央党务部门，不再从事以进行派系斗争和权力斗争为主的党务工作。其组织部部长一职由其弟陈立夫接任。以后除抗战中朱家骅任过四年部长外，到国民党败逃台湾，部长一职一直由陈立夫担任。

陈果夫虽然离开了中组部，将党权移交给了陈立夫，但陈立夫和CC系历来将

中年陈果夫

陈果夫当作精神领袖，凡事围着他的指挥棒转，陈果夫还通过陈立夫操纵着国民党两大特务机关之一的中统。

1933 年 10 月，陈果夫出任江苏省政府主席，在任四年，成为 CC 头目控制地方行政大权第一人，也是陈果夫一生中自鸣得意的一段经历。

江苏是江浙财团的基地，更是蒋介石统治的中心腹地。陈果夫到任后，制订了一整套用人方针，大量任用 CC 系的人。他强化江苏警察制度，在部分地区实行“警管区制”，并训练壮丁，组织保安队，自任省保安司令，统一掌控全省的地方武装。为配合蒋介石在江西对革命根据地的“围剿”，在江苏也进行了“剿匪”，大力搜捕共产党员和进步人士，并实施保甲制度，清查户口，强化法西斯统治。

除此之外，陈果夫在任内也做了一些有益的工作，如推行“教育改革”，开办职业学校和“女子生活学校”、“医政学院”，力主禁烟等。但他对娼妓却采取了放开的措施，认为“娼妓在不能根本解决以前，既无法使之不存在，与其名禁而实不禁，不如管制的开放，对社会道德、民族健康乃至于娼妓本身的痛苦，倒要好些。”致使娼妓在江苏处于完全公开合法地存在。

为了给自己树立一个清官形象，陈果夫在任内还处分了四个贪污有据的县长，其中一人是他的亲戚。为了整顿财政，增加财政收入，他在省县各级确立预算制度和金库会计制度，使全省的金融牢牢控制在自己手里。

此间，陈果夫做了两件轰轰烈烈的大事。其一是主持了声势浩大的治淮工程，曾组织 24 万名民工开上治淮工地，为减少淮河灾害做了一定努力并取得一定成效。

其二是“捐献”飞机为蒋介石祝寿。1936 年 9 月，他向何应钦等建议：“委座生日，最好发动各方面捐献飞机，作为寿礼，可固国防。”当时全国各种“捐款”高达 1200 万元，仅陈果夫主政的江苏省便“捐献”飞机九架，连小学生、童子军都在“捐钱”之列。蒋介石 50 大寿那天，飞往溪口上空的“捐献”飞机便有十几架，盘旋着排成一个“寿”字，可谓轰动一时。

1937 年年末，陈果夫跟随南京政府迁往重庆，随后被蒋介石任命为中央政治学校教育长，在陈氏自己创办的国民党政训干部的最高学府主持工作。当时陈果夫的肺病很重，但培养党棍的热情极高，常支撑着病体去训练班讲课。

1939 年陈果夫被调入委员长侍从室第三处。该处为新增设部门，是抗战时期蒋介石的重要人事参谋机构，担当着对政府机构中上层官员的考核、擢升和调查任务，属于执掌蒋家王朝“内廷”的实际权力机构。陈果夫执掌这个机构达六年之久，其麾下 CC 系的大小官僚便都成为近水楼台，这也是 CC 系势力在抗战期间大为发展的重要原因之一。

三、多才多艺、长袖善舞

抗战胜利后，侍从室第三处被撤销，陈果夫的“主任”之职自动停止。他这时候仍是中执委和中常委，经济界还挂着几个头衔。由于长期执掌党务大权，得罪了不少人，加上蒋介石有意制造派系矛盾，挑起其手下的四大支柱派系间相争相斗，相竞相克，以收绝对效忠自己之功，致使 CC 长期以来在党政系统中和政学系斗，在特务组织中和以黄埔为核心的复兴社斗，在经济部门中和以宋子文、孔祥熙为首的裙带派斗。无休止的倾轧，常常使陈果夫以及 CC 的其他头目焦头烂额，心力交瘁，也使 CC 的名声越来越臭。

1946 年 3 月，蒋介石为浙江省政府主席人选问题征求陈果夫意见。陈果夫表示自己身体不好，并不客气地说：“总裁究竟要我办金融，抑仍欲余政治？若不欲我任政治，则不必多此一举。”

蒋介石说：“你做一部分政治做得好，在中央做得不好。”

陈果夫随即反诘说：“现在谁在中央做得好？”回答之间流露出微妙的抱怨之情。

此后，由于陈果夫的肺病越来越严重，蒋介石没再给他安排具体职务，基本上让他处于了半退休状态。而陈立夫以及 CC 系始终奉陈果夫为精神领袖，看陈果夫的眼色行事。

从北伐到赴台前，陈果夫一直是国民党上层的“标准党人”，是国民党政权的中心人物之一。然而，陈果夫虽公务繁忙，却涉猎学科颇多，除扮演“党人”这一角色外，还有多个业余角色。

其一是“银行家”。

陈果夫认为，首先要打下金融的基础，才能发展经济。金融流通就像人体血脉流通一样。因此，他从 1927 年便开始联合江浙财阀，筹集资金，于 1928 年 7 月在南京创办江苏省农行，并于 1935 年与蒋介石创办的豫鄂皖赣四省农业银行合并，成立中国农业银行。陈果夫长期兼任该行董事长，并长期掌控该行。

为了控制农村经济，农行大力扶持由地主、富农、商人、高利贷者把持的合作社组织。到抗战前夕，此类合作社发展到近四万个。在陈果夫的苦心经营下，抗战时期，以“二陈”为首的 CC 系官僚资本迅速发展，农业银行迅速崛起，与中央银行、中国银行、交通银行共同成为国民党的金融统治机构。“二陈”还在重庆、成都、桂林、昆明等地先后开办大华企业公司、中国工矿建设公司、华西垦殖公司等多种企业，并利用农行控制了一批农业公司，垄断经营生产资料和农产品。

此外，陈果夫还先后出任中央合作金库理事长、土地开发公司理事长等职，并长期参与蒋介石集团的财政咨询和决策工作，出任中央财务委员会主任委员，加上他早年在上海滩做金融证券生意的经历，他成了国民党内不可多得的银行家、理财专家、经济学家。

其二是“教育家”。

陈果夫自己没读过大学，更没有出国留学的经历，但他对于办教育却有着特殊的兴趣，尤其对于中央政治学校培养 CC 门生、党棍官僚兴趣极大。陈果夫初次代理组织部部长时，急需培养一批反共分子，于是提议创办了党政训练所。

1927 年，党政训练所扩大为中央党务学校，1929 年改为中央政治学校，1947

年改为国立政治大学。此间，陈果夫先后担任党政训练所所长、党务学校总务主任、中央政治学校教育长，并始终兼任校务委员。虽然职务屡变，但作为学校实际负责人的身份一直未变，学校实权一直掌握在他的手中，凡事由他决断。

与黄埔军校在军事系统中的作用一样，中央政校是蒋介石训练骨干培植心腹的基地。政校学生毕业后由国民党中央分配到各机关，不少人成为党政部门官员、军队里的政训军官和社会上的文化特务。他们自恃“天子门生”，傲视同侪，所以当时人们形容从政校出来的学生，“每个人脑门上都刻着CC二字”。

1949年年底国民党军队在川康地区被人民解放军打垮后，此校和黄埔军校的延续陆军军官学校一起就此结束。1954年“国立政治大学”在台湾复校，蒋经国出任校长，此时陈果夫已去世三年。

其三是“医学家”。

陈果夫自19岁得肺病后，一直被折磨一生，也因此对医学、医药非常重视。他不满于当时重西医、轻中医的偏见，因此在他创办的医院学院里，对于中、西医药没有偏颇，都深刻研究，学校后面还有一个“药物试验场”，供教学研究之用。陈果夫本人不仅从事医学教育，同时从事药物研究，他培植的抗疟疾的“常山”便是用来制造中国独有的“抗疟药”的。

正所谓久病成医，他根据自己读书和养病治病的感受，写了《自己治病简法》、《苦口谈医药》、《老病人谈中医西医》等书，书中一些主张对健康延年具有相当的科学性，如提出10项卫生原则：“浴日光、畅空气、慎饮食、重整洁、勤劳动、善休息、适环境、正思虑、调七情、节嗜欲。”

陈果夫还根据日常生活中小病小灾的预防和治疗，写了很多首歌谣，收录在名为《鹤林歌集》的册子里。在重庆时期，他还陆续整理出版了《卫生之道》、《医政漫谈》、《儿童卫生歌》等书籍，对当时的卫生行政和健康教育做出了一定的贡献，也对当时中西医结合产生了一定的影响。

其四是“文学家”。

陈果夫虽没进过大学，但自幼爱好文学，喜欢写文章，几十年坚持每天写日记，除了逝世前陷入昏迷的两天没写，其他时间从未间断过。20世纪20年代曾一度兼任国民党重要刊物民国日报社的编辑。1928年年底，上海现代书局正式出版《果夫小说集》，收集了陈果夫发表的12篇小说。《果夫小说集》的序中称陈果夫“喜欢抒写一些作品，在这些作品里，他用轻淡微妙的文章，寄托某种沉远的意思。

讽刺的情调，充满在字里行间。”而陈果夫最后一篇遗作《抹布画》，则写得十分风趣和雅训，令人记忆不忘。

CC系的骨干余井塘说陈果夫的小说“最大的特点，在于令人读时觉得亲切有味，写来如话家常；如说故事，如老友重逢，欢然道故；如师友切磋，津津乐道。故读来如吃家常便饭，味道可口。”而CC系的另一重要成员程天放则称赞陈果夫的小说“不夸张，不标新立异，平易近人，使读者感觉亲切有味。”

除了小说，陈果夫还写过近10个电影剧本，如《饮水卫生》、《骨肉重逢》、《富强之本》等，创作过40余首歌曲，如《国旗歌》、《七夕歌》、《儿童卫生歌》、《造林歌》、《教师歌》等。收录在其出版的《歌曲集》中。

陈果夫逝世后，台湾当局出版了《陈果夫先生全集》，分政治经济、文化教育、生活回忆、医药卫生、礼俗、杂著六大部分共10册190万字。中国文学大师胡适曾这样评价陈果夫：“我觉得他是近代中国一个了不起的人。他以一个未受过大学教育的人，能够写出这么多著作来，老实说，我们今天在北京大学的，还没有多少人能做得到呢。”

其五是“美食家”。

当美食家的第一个条件便是要有吃的机会，其次是吃过之后要有记录、有比较、有研究。陈果夫在江苏主政四年，公务之内，公勤之外，尝遍苏南、苏北名菜佳肴。而又善于研究，用心揣摩，便在国民党内得一“美食家”之称。

作为美食家，陈果夫的最高“成就”有两种，第一种是给“江苏菜”正名。1934年秋，镇江举办全省物品博览会，为了款待与会的各方面头头脑脑，陈果夫别出心裁地组织了两桌丰盛的“江苏菜”。宴席上品的是江苏名茶碧螺春，饮的是江苏名酒洋河、郁金香，餐后水果是萧县石榴、砀山梨，主菜则有南京板鸭、苏州熏鱼、无锡大排、南通鱼翅、镇江鲥鱼、如皋火腿、淮阴鳝鱼、扬州酱菜、江阴凤凰包鸡、高邮双黄蛋、六合龙池鲫鱼、阳澄湖大闸蟹等30余种，加上特级厨师的超凡厨艺，满桌的菜品色、香、味俱全，令人舌不暇接。“江苏菜”由此得名。

第二种是发明了“天下第一菜”。这是陈果夫标新立异的独创，制作过程并不复杂，就是先把锅巴炸好从油里捞出备用，再把加有虾仁、果仁和西红柿的稠鸡汁煮得滚开，浇在锅巴上面。菜端上桌时还噼啪作响，西红柿色艳，鸡、虾味美，锅巴香脆，这道菜色、香、味、声俱全，令人垂涎欲滴。

“天下第一菜”由此得名，抗战期间，大家改称此菜为“轰炸东京”。国民党内爱吃、能吃、有机会吃遍天下的高官不少，但像陈果夫那样“吃”出名堂来的人不多。

四、无可奈何花落去

1948年年末，国民党败局已定，大员们纷纷开始安排自己的退路。身体已非常糟糕的陈果夫捷足先登，于12月6日晚10时登上“中兴轮”，举家迁往台湾。第七日深夜到达基隆港，又到台中双十路八号定居。从此海天茫茫，再也没有机会返回祖国大陆。

陈果夫初到台湾的时候，完全没有想到蒋介石会把战场上败给共产党这笔账算到他和弟弟陈立夫头上，那些只会连吃败仗的统帅将领乃至蒋介石本人全都脱了干系，而把“二陈”作为丢失大陆的“替罪羊”。

蒋介石败逃台湾后，总结了四条国民党“自己打倒自己”的原因，认为要想在台湾站住脚，就一定要整治国民党，通过全盘考虑整治方案，最后决定对国民党进行彻底改造。由于长期以来国民党从中央到基层都为CC系所控制，因此第一步就是彻底清除CC系。

于是，在1950年蒋介石复职不久的一天，陈果夫和陈立夫同时接到电话通知，请他们次日到蒋介石办公室面谈。兄弟二人商量，认为蒋介石此时找他们不会有什么好事，便决定陈果夫以身体有病为由回避，以陈立夫一人前去刺探虚实。

第二天见到蒋介石，在谈话中，蒋介石问陈立夫对国民党改造运动有何高见，并问：“你说，大陆失败的原因究竟是什么，应该由谁来承担责任?”

陈立夫察言观色，明白蒋介石的用意，便说大陆失败，党、政、军三方都应该有人出面承担责任。“党的方面，果夫和我有不可推卸的责任，这个责任应该由我们承担。”并表示：“我觉得果夫和我都不宜参加此次党的改造，退下来为好。”

话虽如此，陈立夫还是抱着一线希望，希望蒋介石能挽留他们兄弟。但蒋介石听后"嗯"了一声便一言不发了。陈立夫将这次谈话内容转告了陈果夫，病榻上的陈果夫听罢长叹一声，半天没有说话。

1950年7月，蒋介石下令免去陈果夫"中央财务委员会"主任委员职务，裁撤"中国农业银行"、"中央合作金库"。而陈果夫在这两个机构中的"董事长"和"理事长"职务随之自动撤销，CC系的三大经济支柱被一举铲除。

紧接着，CC系一大舆论阵地农业教育电影公司被改组，改组结果为蒋经国直接接办，陈果夫的董事长之职被自动撤销。很快，"二陈"掌管22年之久的党务、组织、特工、宣传等大权，全部落入蒋经国系手中，陈果夫从抗战以来所剩不多的几个具体职务也被剥夺一个不剩。中央执行委员、中央执行常务委员等职随着中央党部的解散、"中央改造委员会"的成立而自动去职。而国民党最终改造结果，使大半生高高在上的陈果夫，仅仅得到一个安慰性的挂名虚职——"中央评议委员"，和尚未被剥夺的两个虚职——交通银行董事、"中央银行"董事。

相比之下，陈立夫处境更为艰难。陈立夫年届50，身体健康，在大陆时的多种要职被全部剥夺，连一个挂名的虚职都不曾有，与其留在台湾被清算、被指斥，甚至随时都有飞来横祸，不如一去了之，于是决定离台赴美。陈果夫对陈立夫的决定表示支持，无奈自己病痛缠身不能远行，否则真该兄弟俩一起赴美。

1950年8月初，陈立夫带着一双儿女前来探望病中的兄长并辞行。陈果夫心里明白，兄弟俩几十年来在中国政坛联手搏杀，互为依靠，屡获成功，而今弟弟这一走，不消说留下自己孤立无援，甚至不知今生还能否相见，因此无限伤感。

决定去美之后，陈立夫出席了"中国工程师年会"，这是他最后一次在台湾公众场合露面。在和工程师协会的会员们相见时，很多朋友都劝他不要离开台湾，特别是一些CC分子，都表示愿意跟随他继续奋斗。这种情谊令陈立夫十分感动和难过，他甚至开始怀疑自己的出走是否正确。

但就在此时，蒋介石派人给他送来了五万美元，说是给他资助的路费。拿着这五万美元，陈立夫明白了，蒋介石是要他尽快离开台湾。为了顾及各方面的影响，临行前陈立夫专程去向蒋介石辞行，当时蒋介石外出未归，宋美龄知道陈立夫要走了，送给他一本《圣经》，关切地说："你在政治上负过这么大的责任，现在一下子冷落下来，会感到很难适应，这里有本《圣经》，你带到美国去念吧，你会在心灵上得到不少慰藉。"

没想到几句关心的话，反倒激起陈立夫心中无限的怨气，他指着挂在墙上的蒋介石肖像，不无怨恨地说："夫人，那活的上帝（指蒋介石）都不信任我，我还希望得到耶稣的信任吗?"说得宋美龄一时无话可答。

1950年8月4日，陈立夫偕同夫人及一子一女登机离开了台湾。第二天，即1950年8月5日，国民党"中央改造委员会"正式接替原中央党部职权，挂牌办公。这样，自1926年以来，第一次没有陈氏兄弟参与的国民党中央机构开始运转。

当然，这些对留在台湾的陈果夫来说已经不重要了，因为他面临着更大的危机——家庭经济危机。早在抗战后期，陈果夫的肺便已溃烂，只好在后背穿孔，每天从穿孔处排脓。赴台前夕，病情加重，背后炎症流脓不止，遍请台、港名医会诊，病情一度得到控制。但他所患的肺结核与肋膜炎以及后来并发的喉结核等，都需要高昂的医药费，有些药甚至需要到国外才能买到。以前权高位重，一切问题都好解决，如今时过境迁，医药费都是靠陈立夫和朋友接济，如今陈立夫已走，经济的窘迫可想而知。

在国民党官僚中，陈果夫算是比较清廉的，多年来除了薪水，他没有什么额外收入。有一年农业银行请他题词，他写道："一文不取谓之清，深思熟虑谓之慎，刻苦耐劳谓之勤，注意时效谓之敏。"在国民党上层，讲求慎、勤、敏的虽不乏其人，而像陈果夫那样"清"的人并不多见。

赴台之初，农业银行看在老董事长的面子上，为照顾陈果夫看病之用，借给陈果夫一辆小车。后来农业银行被裁撤，陈果夫虽继续用着车子，但购买汽油成了问题。开始时陈果夫自视清高，不肯仰人鼻息，后来日子一天比一天艰难，不得不放下架子，给交通银行总经理赵棣华写了一封信，提出发给自己兼职董事车马费的要求。

赵棣华多年为陈果夫部下，素知他的为人，知道他若非困苦不堪，绝不会舍面求人，于是亲自将车马费送到府上，同时通过台湾"国民大会"秘书长洪兰友将陈果夫的窘状转告蒋介石。

蒋介石得知陈果夫的情况后，似乎有些过意不去。毕竟多年来"二陈"对蒋介石忠心耿耿，而蒋介石只是在政治上逼"二陈"交出权力，并不想置其于死地。同时也为了安慰一下那些被一脚踢开的老部下，蒋介石当即批给陈果夫5000元作为医药费，另外，又特批了一笔费用，作为陈果夫日常的生活补助，陈果夫总算暂时摆脱了经济危机。

10月27日是陈果夫58岁生日，持续一个多月的咳血刚刚有所缓解，蒋介石便在这天与蒋经国来医院给陈果夫祝寿，令陈果夫大出意外。蒋介石详细询问了陈果夫的病情及治疗情况，听说他一直以中医治疗后，蒋介石劝说“还是西医可靠”，表现出一片关切之情。临走时又嘱咐道：“果夫啊，你安心养病吧，其他事情就不要去想了。经济上有什么问题，你直接告诉我。”

为了方便治疗，1951 年 1 月，陈果夫由台中迁往台北，住在台北青田街一幢公寓里。这里医疗条件好，看病取药都比较方便，但此时陈果夫已病入膏肓，怕是任何治疗都将无力回天了。

五、终就是曲终人散

住到台北后，看病拿药是比以前方便许多，但陈果夫却感到很不习惯。在台中可以随时找朋友聊聊天，发发牢骚，宣泄一下心中的郁闷。在台北就大不一样了，毕竟这里是蒋介石的地盘，到处都有耳目，稍有不慎便会传到蒋介石的耳中。所以台北的生活，让陈果夫感到非常压抑。

有次一个老朋友从台中来看望他，当陈果夫说到自己在台北的压抑时，那位朋友说：“在台中天高……”陈果夫马上接着说：“皇帝远。”说完两人会心地大笑起来。

由于陈果夫的亲友大多住在台中，往来不像以前那样方便，所以更多的时候家里只有陈果夫与夫人朱明面面相对。

陈果夫与朱明是原配夫妻，在国民党高级将领与官员中，像陈果夫这样从一而终不娶偏房、不纳妾的可谓少之又少。同何应钦夫妇一样，陈果夫夫妇也没有子嗣，但与何应钦不同的是，何应钦从一而终的婚姻是新式婚姻，陈果夫的婚姻则是父母之命、媒妁之言的结果，两人在入洞房前互不相识。在国民党高级将领与官员中，发迹之后未抛弃旧式婚姻中糟糠之妻的几乎没有第二人。

陈果夫虽受到新思潮的熏陶，对旧式婚姻十分不满，但为了不让父母担心，他经过一番踌躇之后接受了父母的安排，但他提出了两个条件，一是女方要入校读书；二是要放足。

朱明比陈果夫小一岁，出生于吴兴县荻港镇，是家中长女。其父朱五楼是湖州商界富豪、上海福康钱庄的创始人。由于父亲常年在外经商，加之受当时“女子无才便是德”的影响，当时 17 岁的朱明只是简单认识几个字。陈果夫提出让朱明上学的要求，使朱明喜出望外。虽然年纪大了点，但朱明进入启明女校后学习勤奋刻苦，加之天资聪颖，学习成绩在班上一直是名列前茅。

1914 年，朱明结束了五年的学习生活，与陈果夫正式成婚。虽然婚前两人一直未曾见面，更没有花前月下卿卿我我，但婚后相处和谐，感情弥笃。陈家在吴兴虽“声名显赫”，但经济并不宽裕，朱明自幼养尊处优，过惯了富裕生活，到陈家后有很多不适应。但她从未有过怨言，而是尊敬长辈，孝敬公婆，爱护弟妹，把陈家打理得井井有条。

朱明对陈果夫的照料更是细致入微。多年以来陈果夫体弱多病，长年缠绵病榻，朱明煎汤熬药，照顾饮食，操持家务，“数十年如一日，未尝假手于人”。每每提及夫人，陈果夫都心怀恩爱与感激之情。

朱明早年还曾典卖首饰，资助革命。护法运动期间，陈果夫在上海开展工作，朱明“尝津津乐道曾亲与秘密传讯等任务，意气甚豪，不让须眉”。后来陈果夫地位升高，朱明从不干预丈夫的政务。她的默默无闻，也是国民党高层官僚家庭中并不多见的。

陈氏夫妇一直没有生育，早在 1926 年，陈果夫的二妹陈敬夫将女儿过继给他，取名陈泽宝。后来陈泽宝出嫁，其夫沈华祝在台湾读完大学后到美国深造，获得机械工程博士学位后，便在伊利诺州的卡特比突柴油机公司担任工程师，陈泽宝随夫前往美国，并加入了美国籍。

陈果夫夫妇还有一个干女儿，名叫朱月琴。朱月琴是抗战时期陈氏夫妇在重庆时的女佣，后来跟随陈氏夫妇到了台湾。朱月琴多年来尽心在陈家帮佣，使陈果夫夫妇心怀感激。

后来朱月琴找男朋友时，陈果夫意味深长地劝她说：“我看还是商界的人好，政界的人不可靠。”于是，朱月琴嫁给一位在台湾和美国两处开珠宝店的商人。朱月琴出嫁的时候，陈果夫夫妇认她做了干女儿，使她有了娘家，新郎觉得非常有面子。后来朱月琴跟随丈夫定居美国。

由于陈果夫没有儿子，其父陈其业做主，将陈立夫的长子陈泽安过继给陈果夫为嗣。陈泽安在台湾念完大学后，在美国威斯康辛大学农学院获园艺专业水果学硕士学位，又在新罕姆息大学获植物病理学博士学位，毕业后在几个大学任教。

尽管先后过继、收养了一儿二女，但陈果夫的家中仍人丁不旺，尤其在台北的日子，家中常常整日冷清落寞。夏天来临的时候，陈果夫的日子更加难熬。台北是一个盆地，海风难以吹进，比台中要炎热许多，而且空气湿度很大。陈果夫渐渐感到支撑不住，每天只能起床一个小时，无力支持更多的时间。而且整天咳嗽不止，体温一直在38℃左右，低烧不退。他似乎已经感觉到自己命不久矣，于是强撑病体开始给蒋介石写"诤谏之文"。

逃台以后，尽管陈果夫已成为"历史罪人"被打入冷宫，但他一直关注着台湾的政局，关心着国民党的前途，他决心在离世前把自己对国民党、对社会、对人生的各种意见集中起来，写一篇"诤谏之文"，派人呈交蒋介石。一方面表达自己的诤言，另一方面表明自己对蒋介石的忠诚。

蒋介石收到陈果夫的"诤谏之文"，不无感慨。他其实从未怀疑过陈果夫对国民党及他本人的忠诚。考虑到陈果夫多年来对他的忠心耿耿，心里对他的感情不待言说。便先后数次前往探视，安慰陈果夫安心养病，不要考虑其他。

难熬的夏天快要接近尾声时，医生宣布了陈果夫的病情进展：其结核菌已经由左肺侵入右肺，并由右肺进入血管，再蔓延至脑后，陈果夫已经处于生命垂危时期。

8月25日上午，陈果夫的体温骤然升高，呓语不断，进入昏迷状态。下午4时52分，陈果夫溘然长逝，享年59岁。

陈果夫父亲陈其业得知儿子死讯后，不顾家人劝阻，执意从台中赶到台北为儿子护丧，老人看到儿子遗容后放声大哭。陈其业时年81岁，老年丧子，其悲痛心情可想而知。而陈立夫远在美国，得不到蒋介石许可，不敢贸然返台，只能独处异乡洒泪遥祭，这成为他一生的遗憾。

陈果夫逝世后，蒋介石曾先后两次到存放遗体的极乐殡仪馆吊唁，他望着陈果夫的遗体，表情悲哀沉痛，几度鞠躬，离开殡仪馆后仍沉痛不已，半晌无言，直到坐进车里，才满怀悲伤地对随从人员说："果夫还年轻，他不该这么早就走啊！"回到办公室，蒋介石提笔写下"痛失元良"几个大字，作为挽额，派人送到了殡仪馆。

其他一些党政要员，甚至包括陈果夫的一些政敌，也都跟着蒋介石来称赞陈果夫，称赞他是“标准党人，是北伐到迁台之前的中心人物”，“在党内确有其组织的天才和领导的高度智慧，非常人所能及”，等等。总之，陈果夫死后，生前所有攻讦都变成了褒扬。

9 月 15 日，蒋介石亲自颁布了“褒扬令”，称陈果夫“资性弘毅，志行纯笃，缵承革命家风，效忠三民主义，越四十年如一日”。蒋介石还下令为其出版了《陈果夫先生全集》，收录了陈果夫一生所著的有关教育文化、政治经济、礼俗、生活回忆、医药卫生、杂著六个方面的文章，近 200 万字，以表纪念。

陈果夫的墓地则选在了台北市郊观音山西云寺右侧的一块山地上，这里环境清幽，景色秀美。陈果夫生前曾希望死后能回到故乡浙江吴兴，他在那首《故乡》诗里，寄托了浓浓的乡情，字里行间流露着对家乡的热爱和思念：“我希望我的故乡，山河无恙；我希望我的故乡，人文发扬；我希望我的故乡，腥膻洗净，从此无人敢侵略；我希望我的故乡，爱我如慈母，不让我漂泊他乡，我爱我的故乡，我永远不愿离开我的故乡。”然而，涛涛大海隔断了他的故乡之恋，他被永远留在了这片异乡的土地上。

1951 年 11 月 4 日，陈果夫的棺木在观音山墓地入土下葬。

在当年鼎盛一时的蒋宋孔陈四大家族中，孔祥熙、宋子文去了美国，只有陈氏兄弟跟随蒋介石逃往台湾，如今却落得一死一逐，这大概是“二陈”从未想到过的结局。